Carl Hauptmann · Erzählungen aus dem Riesengebirge

DEUTSCHE BIBLIOTHEK DES OSTENS

Herausgegeben
von
Karl Konrad Polheim und Hans Rothe

Nicolai

CARL HAUPTMANN

# Erzählungen aus dem Riesengebirge

Herausgegeben
von
Gerhard Kluge

Nicolai

In Verbindung mit der Kommission zum Studium der deutschen Geschichte und Kultur im Osten an der Universität Bonn


Lektorat: Carolin Hilker-Siebenhaar
Umschlagbild: Ludwig Richter, Der See im Riesengebirge (Ausschnitt), 1839; Archiv für Kunst und Geschichte, Berlin
Satz: Mega-Satz-Service, Berlin
Druck und Bindung: Passavia GmbH, Passau

Printed in Germany
ISBN 3-87584-273-1

# Erlöser Tod

„O Tod, wie wohl thust du dem Dürftigen, der da schwach und alt ist, der in allen Sorgen steckt – und nichts Besseres zu hoffen, noch zu erwarten hat."

Jesus Sirach, Kap. 41, V. 3 u. 4.

Der alte Blochmann hatte es sich auch einmal nicht träumen lassen, daß er so elend und mit Jammer und Seufzen alt werden würde.

Als er noch auf dem großen Schneiderbrett am einzigen Fenster seines Mietstübels saß, so daß er mit den Beinen fast die Ofenbank hätte erreichen können, da pfiff und schwatzte er – trotz mancher Sorgen – zu seiner Arbeit, machte – während er mit sicherem Griff den Faden durch die Nadel zog – Witze mit den Holzfällern, wenn der oder jener sich ein Paar neue Hosen oder eine Barchentjacke anmessen kam; – oder er bügelte – und charmierte dabei um seine Alte mit aller Laune.

Ja! – wenn sie wäre am Leben geblieben! –

Die hatte, gutmütig, aber nüchtern und handfest, wie sie war, die kleine Wirtschaft schon in Ordnung, und seinen alten Hang, leichtfüßig und leichtsinnig von Kneipe zu Kneipe zu flankieren, im Zaum zu halten gewußt. Aber sie war gestorben, gerade als ihr einziger Sohn ausgelernt hatte und in die Fremde ging. Und seit der Zeit war es mit dem Alten, der nun niemand mehr daheim hatte, rapide abwärts gegangen.

Hatte er sonst einmal Sonnabend abends, wenn die Arbeit ausgetragen war, johlend den Heimweg angetreten, so daß ihn sein Weib bei der Rückkehr nur mit einem gestrengen Blicke von oben bis unten maß, so hielt es ihn jetzt bald keine Stunde mehr bei der Arbeit. Finster und unwirsch, wie er geworden war, lief er aller Augenblicke durch die Hinterpforte das kleine Kirchgäßchen entlang in die Dorfschenke. Oft saß er schon am frühen Morgen in der Ecke des großen, gewaschenen Stammtisches, von wo er dann mit den Eintretenden barsch und laut zankte und schalt. Oder er starrte auch verzweifelt vor sich hin in sein Kornglas.

Wenn nun welche mit Arbeit kamen, die fanden ihn gewöhnlich nicht daheim; oder öfter geschah es, daß er dann lallend und besudelt auf dem Schneidertische lag und nicht zu erwecken war.

Auf diese Weise war es mit seinem Verdienst bald ganz am Ende.

Anfangs hatte sich noch die Gemeinde erbarmt. Sie hatte ihm die kleinen Säuberarbeiten an der Dorfstraße übertragen. Aber so oft dabei ein Groschen abfiel, war er auch betrunken in den Straßengraben gefallen.

So war der Alte längst zum Kinderspott geworden. Es gab keine Hilfe mehr. –

Die letzten sechs Jahre wohnte Blochmann im Gemeindehause. In einer Ecke der Vorderstube, worin die ganze Familie Jürgel in Groll und Unflätigkeit hauste, saß er den ganzen Tag auf einer rußigen Holzkiste – so oft er nicht im Orte in Lumpen herumlungerte und bettelte. Dort saß er, starrte vor sich hin oder klaubte aus Hand oder Papier erbettelte Abfälle, denn am Tische litten ihn die andern nicht. Er war Mitte siebzig geworden. Seine Augen blickten hoffnungslos. Nur das volle, schmutzig-graue Haar, das in verfilzten Locken um den großen Kopf hing, und der lockere, wirre Spitzbart, der aus dem vergrauten, tiefrunzeligen Gesicht ungepflegt auf das aufgerissene Hemde niederfiel, gaben dem Eindruck etwas Tiefes und Unheimliches. In sich gebückt saß er da, sprach nur selten und mit finstergrollender Stimme, wobei er einen halb tyrannisch, halb ängstlich ansah. Öfter noch grollte und murrte er vor sich hin. Er besaß nichts mehr, als die schmutzigen Lumpen, die ihn umhingen, und das halbverfaulte Strohlager, worin er, kaum bedeckt, in der leeren Bodenkammer schlief. Seinen Sohn hatte er nicht wiedergesehen. So saß er – und darbte – und grollte – und hörte den Zank und Streit der Stubenleute. –

Es war Weihnachtsabend vorigen Jahres. Der alte Blochmann war von seinem Bettelgange heimgekehrt. Unten an der Kirche hatte er lange gestanden und durch die eisblumigen Fenster in die lichten Weihnachtsbäume, die am Altar brannten, blöde hineingestarrt. Aber es hatte ihn wie eine Ohnmacht überkommen – und er hatte sich an der Mauer fest anklammern müssen, um nicht hinzuschlagen. So war er dann müde und tastend in finsterer Nacht den Hang aufwärts bis ins Gemeindehaus geschlurft. Nun saß er wieder auf seiner Kiste und verzehrte mit Gier ein Wurststück, das ihm die Frau des Fleischers heute in seinen Bettelsack geworfen. Die junge Jürgel, ein rotes, grobes, gemeines Weib in der Mitte der Dreißiger polterte und warf in der Stube herum, schalt auf ihre Töchter – Mädchen von zehn und dreizehn Jahren, die jede mit einem kleinen Kinde im Arm vor der Thranlampe am Tische strickten – und haderte mit der alten Mutter, die auf ihrem schiefhängenden Schube hockte und weinte. Man wartete auf den Mann.

Als Jürgel endlich um sieben Uhr, die Mütze über die Ohren gezogen, betrunken in die Stube trat, empfing ihn das Weib mit Schimpfreden. „Wu bleibst D'n wieder, Du Saufluder?“ schrie sie ihm entgegen.

Aber als ob er gar nichts hörte, gelassen schwankend,

richtete er nur starr seinen Blick nach der Schüssel, die auf dem Tische stand, und tänzelte beinah komisch darauf zu. Doch plötzlich, als ob ihn eine Wut schüttelte, wandte er sich um – und „Ihr verfluchtes Pack“, gurgelte er beinahe stimmlos – „wu is denn hie das Fleesch?“ –

Aber ehe er noch weiter toben konnte, würgte ihn auch schon das Weib, daß er keinen Atem bekam. –

Die beiden Mädchen saßen ruhig über ihrer Arbeit – ganz ungestört, als ob nichts passierte. Nur seine Mutter war ängstlich weinend einen Schritt vorgetreten. –

„Wirscht Du jetzt fressen“, schrie das Weib voller Empörung, „oder ich mach' Dich kalt.“ Und nun ergoß sich ein ganzer Auswurf schamlosester Roheit, worin das Luderleben des Mannes sich spiegelte, – und immer klang es dazwischen: „Verdienst Du uns Fleesch?“ – und „versaufst Du nicht alles!“ –

Jürgel, als sie ihn endlich losgelassen, rührte das nicht. Er hatte – etwas nüchtern geworden – aus seiner Rocktasche einen eingewickelten Räucherhering gezogen, den er bereits mit allem Appetit zu verzehren begann. „Und heute zum heiligen Abend...“ begann sie jetzt pötzlich in kläglichem Tone und brach in ein wüstes Geheul aus.

„Oh“, sagte Jürgel, den die veränderte Sachlage zu langweilen begann. – Und dann –: „Du ahles Mistvieh! – Hie!“ – damit überwältigte ihn die Wut, er warf den Hering verächtlich auf die schmutzstarrende Diele – und taumelte zur Thür. –

„Da – freß ich 'n“ – hörte man eine Stimme aus der Ecke grunzen, wobei sich der alte Blochmann – der während dessen achtlos über einer verglasten Photographie in zerschundenem Rahmen, dem Bilde seines Sohnes, geputzt und gerieben hatte – mühsam erhob und den Hering vom Boden nahm, den er auch sofort bedächtig verzehrte. –

Jürgel war hinaus. –

Das Weib hatte sich gleich wieder ermannt, schimpfte und fluchte, während sie im Ofen einen hellen Brand entfachte. – „Stinkmadig – verfluchtes – faules", brach sie noch einmal in voller Boßheit aus und schlug dabei unversehens auf die Tischplatte, daß die schmauchende Thranlampe umfiel und ausging. –

„Ahle Hure!" sagte Blochmann im Finstern. –

Dann versuchte die Dreizehnjährige Licht zu machen. –

Die alte Mutter kauerte wieder auf ihrem Schube und weinte unaufhörlich. –

Der alte Blochmann war an diesem Abend das letzte Mal in seine Lumpenstatt hinaufgehumpelt – die gefüllte Schnapsflasche geschickt verborgen unterm Rocke. Von oben – aus der leeren Kammer war auch an diesem Abend, wie sonst immer, durch das finstere, eisige Gemeindehaus sein lallendes Gebet um den Tod hörbar geworden. Die letzten Worte: „Sterbe ich nun, so bin ich Dein, oh Du liebes Jesulein", waren fast eingeschlafen.

Dann war es tagelang still geblieben – da oben.

Die alte Mutter Jürgel, die am zweiten Feiertage nachmittags einmal nach ihm aussah, fand ihn im Stroh vergraben, sinnlos murmelnd und abwehrend. Vor der Bettstatt lag ein aufgeklapptes, zerfetztes Gesangbuch. Zu Kopfe aber hatte sie die Schnapsflasche entdeckt, so daß sie ihn liegen ließ.

Es war nun schon drei Tage, daß er verlassen oben in der Kammer lag. – Den Alten brannte das Eingeweide. Es röchelte heiß in ihm auf, bis er wieder zu husten begann, wozwischen sich gestammelte, halbverständliche Worte mischten, die wie eine hoffnungslose Mahnung an den Tod klangen – an die Ruhe, um die er schon seit Jahren bat. –

Aber die Ruhe kam nicht. –

Er fror an die Füße. – Er konnte sich nicht rühren. – Stierend und mit aller Anstrengung erhob er seinen Oberkörper –: „Helft mir doch!" – „Ach helft mir doch!" –

Aber es hörte ihn niemand.

Der Wind pfiff zur Dachluke herein und knackte und riß in den Dachsparren. Und Blochmann fiel wieder zurück – und lag lange unbeweglich. –

Dann knisterte das Stroh – man hörte ihn beten.

„O Du – mein"... „O Du mein liebstes Jesulein"... „Sterbe ich"... „Sterbe ich nun, so bin ich..."

Er murmelte und lallte –. „O Du – mein – liebstes...."

Das Stroh raschelte stärker. Man hörte einige schluckende Laute. Er hatte die Schnapsflasche zitternd an den Mund gebracht und trank den letzten Rest.

Grausen schüttelte ihn.

Die leere Flasche fiel polternd zu Boden und rollte auf der Diele bis an einen der Kleiderlumpen heran, die zerstreut vor dem Bette lagen. Dann trat Ruhe ein, die nur ein Stöhnen unterbrach.

Ein Traum tauchte auf. –

Dem Alten schien es, als arbeitete er, wie in der Jugend. Sein Weib zankte mit ihm, weil er wieder einmal betrunken war. Und es war auch lustig, denn er hatte seinem Jungen, der lauernd dabei stand, eine Schnitte gestrichen. Nur durfte es Mutter nicht sehen, weil die fette Butter darauf ordentlich leuchtete. ....

Dann wälzte er wieder an der Straße mächtige Blöcke. Die paßten nie an Ort und Stelle und rollten immer wieder herab. .... Es war eine entsetzliche Angst – diese Blöcke – so daß er sich umwälzte und erwachte. –

Es war Abend geworden und die Kälte hatte zugenommen. Alles war still. Der Sturm schwieg. Nur dann und wann sprang etwas laut und schrill. Das waren die Dachbretter, die die Kälte barst.

Und die Kälte stach den Alten, daß er es bis ins Herz fühlte. Nun fand er auch Kraft, sich ganz aufzurichten. Dabei ächzte und grollte er fortwährend –: „Was denn ? – Ach! – Laßt mich! – Ach – laßt mich – doch! –“ Er stand vor dem Bette und hielt sich an der Bettkante. – „Laßt mich!“ – „Ach – wenn er doch käme!“ – „Ich – will ja – gerne sterben!“ Dann humpelte er im Dunkeln vorwärts. – Er wußte nicht, was er wollte. – Es war noch immer still und finster im Hause. Die Kammerthür war offen. Er stand in seinem kurzen, schmutzigen Hemde lange daran, zusammengebückt und erschauernd. – Dann tastete er sich weiter. – „Ach, laßt mich doch!“ – Er wußte nichts anderes. – An der steilen Treppe glitt er zu Boden – und lag an der Brettdiele – der alte, runzelige, fast nackte Leib – in Kälte und Finsternis. – Es kam eine Ohnmacht über ihn. – Niemand hatte ihn gehört. – Niemand kümmerte sich um ihn. –

Aber der Hunger quälte und weckte ihn bald wieder. – Da begann er die Treppe abwärts zu klettern – auf allen Vieren. –

Nun fühlte er plötzlich, daß ihn der Tod führte. Es ging so leicht. Der hielt die Hand über ihn. Den fürchtete er nicht. Nur das Leben fürchtete er, wenn es zurückkäme. –

Endlich stand er im Hausflur – auf den eisigen Steinfliesen. Und mit einer Übermacht riß er sich auf und schritt taumelnd bis an die Thür des verkommenen Malers, dessen schnarrende Stimme herausklang. In Verzweiflung und Verwirrung griff er die Klinke. Aber kaum stand er – der Sterbensbereite – in seiner ganzen nackten Jämmerlichkeit im Thürrahmen, als der Betrunkene auch schon aufsprang –: „Eis Krankenhaus! – Verfluchtes Gemahre! – 'Naus! – Mir ha'n keene Krankenstube – Mir ha'n salber nischt! – 'Naus! – Verfluchtes Gemahre!“ Damit hatte er die Thüre krachend ins Schloß geworfen, so daß der Alte auf die Steine zurückfiel und ihm die Sinne wieder vollends vergingen. –

So lag er lange. Fetzen von Traumschrecken wachten in ihm auf – und zerschmolzen kaum geworden. – Ein unverständliches Gemurmel. – Er suchte sich umzuwenden. Niemand hatte ihn gehört. – Niemand kümmerte sich um ihn. – Es war stockfinster. – Aus den Stuben klang Gerede, Lachen, Schimpfen – alles nur gedämpften Tones. –

Endlich ging die Hausthür. –

„Nu? – Verfluchte Zucht. – Was lei't denn hie?" –

Jürgel kam angetrunken heim – und stieß mit dem Fuß an den nackten Alten. – „Nu?" –

Es gab keine Antwort. – Nur ein Stöhnen. –

Jürgel wußte, wer es war. – Er beugte sich und fühlte nach ihm.

„Was willst Du denn hie, faules Oas?"

„Ach, helft – mir –."

Sinnlos fast griff Blochmann nach dem Betrunkenen, der über ihm schwankte – und suchte mit aller Kraft sich fest zu klammern. –

„Reßt mir vollends de Klunkern 'runter – tummes Oas", sagte Jürgel.

Aber der Alte rührte ihn doch; und er riß die Thür auf, um Licht zu gewinnen. –

Als das junge Weib ihren Mann sah, funkelten ihre Augen voll Zorn. Aber sie sah auch gleich den nackten Alten, der am Boden emporrang, so daß sie zu Worten keine Zeit bekam. –

Sie lief hinzu und half ihn in die Stube führen. –

Erst dann begann sie ihrem Ingrimm Luft zu machen.

„Der ahle, dreckige Kerl! – Bleib doch uben ei Deiner Kammer, ahle Sau!" wollte sie eben richtig loskeifen.

Da sandte Jürgel, der aus Blochmanns Seufzern die Worte gehört: „Ach! – laßt mich – doch – a bissel wärmen!" plötzlich einen sprühenden Zornblick nach seinem Weibe, daß sie augenblicklich verstummte. –

Und merkwürdig.

Es blieb auch still und stumm im Raum.

Der Tod stand über dem kauernden, halb nackten Alten am knisternden Eisenofen, dessen Thür nur halb in den Angeln hing – breitete seine Arme aus – und sah allen ins Gesicht, daß niemand mehr ein Wort zu reden wagte. –

Nur der Alte – wie er so an der Erde lag – murmelte und ächzte. –

Aber er wurd' immer ruhiger, weil die Wärme ihn anstrahlte. Es schien ihm, als lege der Tod eine weiche Hand um seinen Kopf – und streichele ihn am Halse herab. Und sein Röcheln wurd' stiller und leiser. –

Jürgel hatte ihm eine Jacke übergeworfen.

So blieb er auf blankem Lehmboden am verkohlenden Feuer liegen. –

Jürgel und das junge Weib gingen hinauf in die Kammer ins Bett.

Die alte Großmutter hatte in der Stube ihre Lumpenstatt und erwärmte sich an ihrem achtjährigen Enkel, der bei ihr lag. –

Die beiden Mädchen hockten in einer Ecke in Stroh und Lumpen auf der Diele. Nur die Kleinsten lagen in einer verfallenden Wiege geborgen. –

Die Nacht brach ein. –

Und der Tod stand im Zimmer – aufrecht – und groß – und finster – und schattete den Alten, der am Boden lag. –

Den schreckte er nicht. – Nur die andern hatte er eiskalt angeweht. –

Und die Mädchen und die Alte hörten das leise Röcheln – und sahen mit Grausen in sein Angesicht. –

Sie schlossen ihre Augen und verbargen sich in die Laken. Und doch mußten sie voll Grausen und wirrer Bilder immer wieder nach dem Ofen starren, wo der Tod stand und der

Alte ihm zu Füßen murmelte und stöhnte. – Endlich schliefen sie. –

Der Alte begann an den Füßen Stiche zu fühlen.

Es war Mitternacht.

Die Kälte kroch zur Thür und den Fenstern herein, lief an Tisch und Bettladen entlang, daß sie krachten und sprangen. –

Die Jacke langte nicht mehr. –

Blochmann war ganz besinnungslos. –

Er hatte sich die Jacke vollends heruntergestreift, als er nach seinen Füßen tastete.

Dann war es wie eine Flut gekommen, die sich über ihn ergoß. –

Im Kopfe hatte es wieder begonnen – und nun durchströmte es ihn. –

Wie ein schlagendes Herz däuchte es ihm, so warm und weich. –

Er griff um sich und riß an seinem Hemde. Den alten Lappen brauchte er nicht mehr. –

„Oh – Du – mein liebstes Jesulein –."

Er riß es vollends in Fetzen und lag nackend. –

Er war ganz erstarrt. –

Und während er fühlte, wie ihn der Tod durchströmte und ihm die Mühsal und irdische Not aus den Gliedern wusch, krallten seine Finger am Boden entlang – und krallten – und bewegten den ausgedörrten, schmutzigen Leib unterm Tische hin – immer vorwärts.

Die alte Jürgel war erwacht – und hörte sein Schlürfen und Schurren – aber sie wagte nicht hinzublicken, weil sie wußte, daß es der Tod war. –

Die Mädchen atmeten lang und voll Behagen. –

Nun war es im Raume ganz still. . . . . . .

Als der Tag mit hellen Schneeflocken tändelnd an den Fensterscheiben niederglitt und in die rauchschwarze Stube schien, lag Blochmanns Leiche auf bloßer Lehmdiele – ausgestreckt und nackt – unter einer Wandbank. –

„Herr Jeses!" schrie die junge Jürgel, wie sie hereintrat, um Morgenfeuer zu machen, „da is 'r doch tut." –

Alle fuhren aus dem Schlafe empor und sahen ängstlich auf. –

„Nee, Ihr Leute!" –

Das Leben hatte den Alten in der letzten Stunde mit dem Kopfe auf einen Kehrichthaufen gebettet. –

Aber der Tod hatte ihm die Glieder gelöst und lag als sanfte, abgrundtiefe Ruhe um seine Züge.

# Der Freigeist in den Bergen

„Andreas hat gefehlet,
Philippus falsch gezählet.
Sie rechnen wie die Kind'.
Mein Jesus kann addieren –
Und kann multiplizieren –
Auch da, wo lauter Nullen sind."
(Mittelalterl. Kirchenvers)

Es ist nun schon einige Jahrzehnte her – seitdem der alte Hauschild oben in den Bergen umging. – Die Kreuz und Quer, auf all den steinigten Wegen und Stegen konnte man den kleinen, höllischen Kerl damals gelegentlich einmal begegnen, wenn er, die schwere Ledertasche voller Kalender, Wochenblätter und Mordsgeschichten an dem breiten Schulterriemen, den abgegriffenen Filzhut liederlich in den gekrümmten Nacken geschoben und seinen sacklangen, derben Düffelrock sperrweit offen, so daß das altertümliche Silbergehänge vor der verblichenen Strickweste beständig hin und her baumelte, nickend bergan schritt. – Hin und wieder, wenn ihn sein Bündel drückte, blieb er stehen, ließ seinen listigen Blick an den Thalhängen von Hütte zu Hütte schweifen – worin er jede einfache, arme Seele und jedes kümmerliche Schicksal kannte, bis weit hinauf, wo der gräfliche Bergwald menschlichen Ansiedelungen eine Grenze setzt – prustete laut und nahm es dann behende auf die andere Schulter. – Wenn er ging, redete er gratzig mit den Steinen, die ihm zu aufdringlich im Wege lagen und schleuderte sie mit seinem Krückstock beiseite. – Oder wenn er Leute traf, spottete er über die vielen Maulwurfshaufen in den hellen, frischgemähten Wiesen – oder über das niederträchtige Leben, – über den betrunkenen Gemeindediener oder den steifen Totengräber. – Denn es gab nicht bald etwas, worüber er sich nicht irgendwann einmal gehörig lustig gemacht. – Und gegen die „Ortsheiligen“ war er immer ganz besonders aufgelegt. –

„Der macht sich nischt draus; der dutzt a Schanndarm“, lachten die Gebirgsleute. –

Und sie hatten nicht unrecht. –

Kam er z.B. beim Pastorhause vorbei, wo gerade der Meister Dachdecker im blauen Arbeitshemde einen neuen Blitzableiter aufrichtete, da rief er ihm gewißlich so recht mit lästerlichem Behagen hinauf: „Besser ist besser! – Der liebe Herrgott könnt's doch e'mal vergessen, daß hier der Pastor wohnt.“ – Dann zuckte der Schalksgeist in den tiefen Spottfurchen und blitzte in den verkniffenen, grünen Satansaugen – die weißstoppeligen, runzeligen Lippen streckten sich voll Begierde ob des Hohnes und der Bosheit, und den ganzen verhuzelten kleinen Kerl mit dem schiefgehaltenen, geschorenen Graukopf schüttelte vergnügt die grinsende Niedertracht. – Und er krächzte sicherlich noch halb für sich im Weitergehen:

O guter, heiliger Florian!
Behüt' mein Haus!
Zünd' andre an!

Natürlich hatten ihn da oben alle Leute gern. – Er kam nicht nur mit einem Pack voll „Aufklärung“ in die entlegensten Hütten. – Und „welcher Teufel sonst sollte denn hier oben Aufklärung verbreiten? – etwa der Exekuter oder der Gensdarm?!“ fragte er selbst mit Würde, wenn er einmal wirklich versuchte, das Leben einen Augenblick völlig ernst zu nehmen. – Er kam auch – wie so ein richtiger Galgenstrick – ob ihm nun gerade der Schweiß in Strömen über sein Furchengesicht rann, oder Schneetreiben die Bergthäler einhüllte, bis Weg und Hütten gänzlich dem Auge schwanden, und der Wirbel den toteneinsamen Kobold schaurig umfegte, die Enden seines Wollshawls wie eine flatternde Fahne hin und her riß, und die tiefe Spur verwehte, ehe noch kaum der Fuß sich von neuem gehoben hatte. –

Wenn er dann im Hause den Schnee von seinen Stiefeln trat, hörten ihn schon die drinnen. – Da begann er bereits seine barsche Anrede: „Habt ihr Geld, ihr Leute?" die er nochmals wiederholte, sobald er seinen Grauschädel anfangs mit unwirscher Miene schief zur niedrigen Thür hereinsteckte. „Habt ihr Geld, ihr Leute? – Ich brauch' gerade welches!" – Und wenn er nun an den Tisch kam, wo noch vom Essen die Kartoffelschalen und ein paar schmutzige Blechlöffel lagen: „Macht'n erscht reen, ihr Leute! – Wenn euch sonst im Drecke wohl ist, kann ich's nich' ändern!" – Dann nannte ihn gewiß die Alte eine „beese Fresse", während sie den Wischhader herzuholte, und er unterdessen locker machte, was er bei sich trug. – Dann dauerte es auch nicht lange, da war er mitten drin in einer frechen Schnurre, daß der Mann die kurze Pfeife aus dem Mundwinkel nahm und lachend ausspie, und die Frau ihn kreischend in die Seite stieß – und schließlich auch die Zehnjährige, die mit einem noch dürftigeren Kinde in der Ofenecke hockte – ohne doch recht zu begreifen, was die Alten redeten, leise wie ein Mäuschen kichern mußte. –

Mochte selbst gerade der Steuereinnehmer in der Stube stehen, und der Mann sich auf dem Kopfe kratzen, „wo in aller Welt er in der kargen Winterszeit die paar Groschen für Staat und Kirche rasch hernehmen sollte, ohne zu stehlen", da trat der verkrümmte, kleine Spötter – mit listiger Grimasse hinüber zu dem „Blutsauger" – komisch feierlich auf die Schwelle:

Andreas hat gefehlet,
Philippus falsch gezählet.
Sie rechnen wie die Kind'.
Mein Jesus kann addieren
Und kann multiplizieren,
Auch da, wo lauter Nullen sind.

So daß selbst die abgehetzte Frau – wenn sie auch zuerst nur unwillig die Thränen einhielt – doch einen Augenblick das Lachen nicht verbeißen konnte. –

Aber gnade Gott! wer es mit dem Alten einmal verdorben hatte. – Heute war er in Jakobsthal gewesen und befand sich mürrisch auf dem Heimwege. – Er hatte den weiten Weg mit der schweren Bürde da hinauf im tiefen Schnee ganz umsonst machen müssen. –

„Das wurde ihm allmählich doch zu bunt! – Diese geistlichen Herren!" –

Als er die neuen Kalender ausbot, hatte zuerst der Wirt und dann der Förster und der Lehrer, jeder mit einigem Bedauern, gesagt: „Vorgestern war schon der Pastor hier. Dem konnten wir's nicht gut abschlagen." – Er hatte nun schon wiederholt erfahren, wie man ihm sein bißchen Hungerbrot vor der Nase weggraste. – Briefpapier wollten sie nehmen, wovon er immer einiges bei sich trug. – Aber er hatte nur verbissen gemeint: „Kauft ock das auch beim Pastor!" und die Stubenthür sofort wieder hinter sich zugeschlagen. –

Jetzt schritt er über die vereiste Bachbrücke, die laut krachte, und ging dem Walde zu. –

Das Dorf, wo er schon seit dreißig Jahren wohnte, und von wo aus er die verschiedenen Gebirgsörter abwechselnd bequem erreichen konnte, ohne doch auch von der nächsten Kreisstadt und der Buchhandlung zu entfernt zu sein, lag am

Fuße der Vorberge. – Von Jakobsthal da hinunter war noch ein Weg von Stunden. –

Er hatte sich die Wollmütze tief über die Ohren gezogen und stapfte wackelnd vorwärts. – Aber man sah es ihm an, daß ihm die Gedanken arg zusetzten. – Er achtete nicht weiter auf den Weg. – Seine Lippen waren fest aufeinander gepreßt. – Er dachte nur an den Pastor. –

„Diese geistlichen Herren!" –

Und mit dem da unten hatte er ohnehin erst noch seine Rechnung auszugleichen. – Er war tiefer in den einsamen Forst hineingekommen und das Waten wurd' mühevoll. – Aber es hinderte ihn nicht, weiter zu sinnen. –

Es fiel ihm ein, wie damals der Maurer Maiwald vom Dache stürzte. –

Es war auch im Winter gewesen, wo die Dächer eisig und glatt sind. – Der Schornstein an der Brauerei mußte natürlich doch fertig werden. –

Sie hatten den Schwerverletzten nur noch rasch ins nächste Haus schleppen können, wo er auch schon gestorben war. –

„Unsinn! – Unsinn!" räsonnierte er einen Augenblick unverständlich vor sich hin. –

Der Gedanke daran quälte ihn offenbar. –

„... ist dein Freund – Maiwald ist Dein Freund", hörte er die weiche Stimme der säuberlichen Frau Hauschild immerfort rhythmisch in ihn hineinflüstern –: „Du mußt mit – Jakob, Du mußt mit!" –

„Unsinn", wiederholte er laut abwehrend, so daß seine gratzige Stimme in der eisig glitzernden Winterluft kurz abgerissen erstarb, und aus dem beschwerten Fichtengeäst am einschließenden Waldsaum der Schnee sich knisternd löste und niederstäubte. –

Natürlich war er damals gegangen. –

Nur gut, daß es wenigstens niemand weiter gesehen hatte. –

„Wenn Hauschild in die Kirche geht“, lachte er selbstzufrieden, indem er dabei die Augenlider fast zukniff, „das braucht kein Mensch zu wissen!“ –

Dann erinnerte er sich ganz deutlich, wie er hoch oben im letzten Winkel des Chores gesessen, während die Kirche noch ganz leer war – und heimlich den Leichenzug erwartet hatte – in merkwürdiger Aufregung, weil er seit seiner Trauung nicht wieder da drinnen gewesen war. –

Kinder, die er hätte taufen müssen, hatte er ja nie gehabt. –

Das Herz hatte ihm damals ordentlich höher geschlagen, als endlich – unter dem Brausen und Tirilieren der Orgel und dem ärmlichen Gesange der Dorfkinder, die mit dem schwarzen Kreuze voranschritten, hinter dem schwankenden Sarge her die kleine, trübe Trauergemeinde zur Kirchthür herein und um den Altar sich drängte. –

Und es lärmte und hämmerte in ihm, daß er seine Schritte unwillkürlich beschleunigte.

– Wie er dann gespannt gehorcht hatte – atemlos beinah – um kein Wort zu verlieren, als plötzlich der Gesang schwieg – und die Orgel verdröhnte – und nun der Pastor die Arme zum Segen emporhob. –

Wie er schon gewußt hätte, was der nun sprechen würde ....

„Wie Maiwalds Leben Drang und Mühe gewesen, so daß über der ewigen Not nicht viel Licht aus der Höhe hineinleuchten konnte – in solch' ein Leben. – Und daß der Tod dem Arbeiter das Werkzeug buchstäblich aus der Hand gerissen – mitten in der redlichen Mühsal für die Seinen .....“ – Denn wie verkrümmt und vorgebeugt Hauschilds kleiner vermummter Körper auf den eilfertigen, knickerigen Beinchen auch vorwärts schob, drinnen loderte – freilich nur so ganz im Geheimen – eine hochflammende Seele, die nun das Pathos eine Weile vorwärts trug.

„Du Witwe! – und Ihr Waisen! – Ihr sollt hier im Leben

noch Trost und Obhut genug finden. – Die Erde ist nicht so arm – und Menschenherzen giebt es noch genug, die ....“

Hauschild war eine Weile selbst ganz hingerissen. –

Und wieder stand der Pastor vor ihm – ganz deutlich, wie damals – wie er die Augen zum Himmel richtete und seine helle Stimme zwischen dem Vollbart hindurch sauber und getragen herausfloß und an der Wölbung oben widerhallte. –

Und er lauschte gespannt in sich hinein – als wenn er noch an die Säule dicht sich anschmiegte und sein Ohr ganz hinabhielt .....

„Nun – und was denn ?“ ermannte er sich plötzlich und riß sich hämisch lachend aus seinen Phantasieen. –

Was hatte er denn so Besonderes gesagt, das des Händeaufhebens und des gottseligen Blickes wert gewesen – hihihi –!

Hatte er nicht allen die Augen trocken gemacht, die vorher in Liebe überflossen – !

Auch die der Witwe! –

Daß nur noch die Kinder weinten, die nicht zuhörten, was der Pastor redete! –

Und nun gellte ihm in den Ohren: „Kauft man nicht zween Sperlinge um einen Groschen!“ – und dieselbe gellende Stimme sagte, daß das menschliche Leben nichts wert sei – gar nichts – wenn es nicht im Scheine des kirchlichen Segens verlaufe.

Und dazwischen immer wieder: „Kauft man nicht zween Sperlinge um einen Groschen!“ – und – hihihi – daß die ewige Seligkeit nur den Frommen sicher bereitet stehe. –

Und nun hörte er – und lachte in sich hinein, bis nur noch ein aufdringliches, eiteles Schallen und Widerhallen sein Ohr erfüllte, daß es ihn überkam wie damals, wo er aufgesprungen und plötzlich Lärm gemacht – und erst wie er merkte, daß einige der Leidtragenden erstaunt von unten heraufsahen, sich wieder in seinen Winkel verborgen hatte. –

Dieselbe Aufregung packte ihn auch jetzt, daß ihm einen Augenblick der Rachedurst den Atem nahm, bis er endlich heiser herauskrächzte. – Hahaha! –

Er kannte doch die liebe Menschenseele, ob die nun gerade in einen Pastorrock oder in den des Colporteurs gefahren war. – Diese Röcke! – Als ob darunter nicht überall nur nackte Menschen steckten. – Hahaha! –

Maiwald war eben auch kein Kirchgänger gewesen. – Das war das ganze Geheimnis. –

Und er lachte vergnügt weiter, weil er sich jetzt den Pastor vorstellen mußte – im Talar, wie er die schwarze Grabesversammlung segnete – und darunter schon die Tasche mit Kalendern und Traktaten hielt, die er darnach den dürftigen Frauen und Greisen anbot. –

Und er lachte noch, wie er bedachte, daß er sich damals nur ganz verstohlen aus der Kirche herausgeschlichen und nicht weiter darüber geredet hatte. –

Nun stand es plötzlich in ihm auch fest, daß er diesmal sein Verhältnis zum Pastor klären wollte. – Er hatte einen Entschluß gefaßt. –

Aber seinem Weibe würd' er garnicht erst davon sprechen, entschied er sich. –

So war es unterdessen Abend geworden, als er die letzte Schlucht erreichte, die zu Thale führte. – Jenseits des Geländers plantschte in vereinzelten Silberschäumen der halbvereiste Bergbach über das Mühlwehr nieder. –

Dann bog Hauschild in's Dorf ein. –

Als er an der dämmrigen Kirche und dem verschneiten Pfarrhause müde vorbeihumpelte, aus dessen Fenstern ein behagliches Licht auf die einsame, glitzernde Straße schien, freute er sich nur heimlich, wie er den Pastor nun würde wie mit Krallen packen und gehörig einmal zappeln lassen. –

Wie immer, wenn Hauschild auf seinem Gange war, hatte auch heute Frau Hauschild über ihrem Strickstrumpfe am Fenster gesessen und ihren einsamen Gedanken nachgehangen. –

Es war so still in dem reinlichen Stübchen, daß man den alten Seeger an der Wand ticken und die blinkenden Stricknadeln in ihren Händen klirren und wispern hörte. –

So feierlich war auch die Alte selbst. –

Sie war eine kleine zarte Frau. – In ihren länglichen Zügen mit den weichen Runzeln lag es von Geduld und Frieden. – Sie hatte sich schon in manches schicken müssen. –

Unter der weißen Haube schimmerten die gelblichen Scheitel noch reichlich hervor, während sie auf das Spiel ihrer Finger niedersah, die ihre Arbeit doch so ganz für sich verrichteten. –

Denn unterdessen kam die wohlbekannte Prozession von Bildern und Gesichten in Frau Hauschilds Innern auf und vorüber, so daß einmal ihre hellen Augen weit wurden und strahlten, und dann auch der sorgenvolle Mund unbewußt einen Augenblick zu lächeln anfing. – Oder auch die weichen Lider sich zusammenzogen, und um die Nasenflügel ein Zukken ging, daß immer noch einmal einsetzte, ehe die Ruhe ganz wiederkehrte. –

Wenn ihre Gedanken so schweiften, dachte sie immer mit einem besonders brennenden Gefühl daran, daß sie nie Kinder gehabt. – Dann empfand sie es wie Dankbarkeit gegen Hauschild, der sie das nie hatte entgelten lassen. –

Aber dann wieder – wenn sie sich ihn vorstellte, wie lästerlich und rachsüchtig der Kleine sein konnte, da war es ihr auch manchmal, als ob der Teufel selbst sie in Person versuchen käme. –

Ihr größter Kummer blieb doch einmal, daß er von Kirche und Geistlichen nie etwas wissen wollte. –

Hauschild's Stübel lag hinten in Rüffers Gute und er war froh, wie er endlich die Klinke in der Hand hielt. – Es brannte schon Licht auf dem gedeckten Tische, und Frau Hauschild hantierte am Herde. –

Er ließ seine Tasche auf einen Stuhl nieder und setzte sich in die Sofaecke. –

Seine Augen sprühten Behagen. –

Sonst hielt er Herz und Mund daheim gewöhnlich verschlossen. –

Aber heute machte ihn die Wärme im Stübel noch vollends zutraulich. –

Während er den Kaffee Schluck um Schluck durch das Bröckchen Zucker sog, plauderte er von Veists Jungen, die dem Troghans fünf Kirschbäume aus Rache angesägt – und auch daß die junge Hornig sich bei Nacht und Nebel auf und davon gemacht, weil Hornig sie letzten Sonntag im Trunke wieder einmal entsetzlich mißhandelt und gezaust hätte. – Und mancherlei noch, was er im Kretscham, als er sich am Morgen vor seinem Gange die Kornflasche füllen ließ, vom Wirt erfahren hatte. –

Aber vom Pastor sprach er kein Wort. –

Schließlich, als er gegessen hatte, platzte er doch spöttisch heraus. –

„Morgen früh geh' ich zum Pastor", sagte er kurz. –

„Ach Gott, Jakob! – Nee, mach' ock nich' etwa 'n Verdruß!" – Mehr wagte Frau Hauschild nicht zu sagen. –

„Machst Du mir 'n Verdruß – mach' ich Dir 'n Verdruß", brummte er gleichgültig, während er schon in eine Zeitung hinein sah. –

Frau Hauschild konnte lange nicht einschlafen. –

Ihr war gleich die Geschichte von Maiwalds Begräbnis eingefallen, wo der Alte heimgekommen – und in größter Wut sich auf das säuberliche Bette geworfen – und gradezu geschluchzt hatte. – Und wie sie ihn damals nur mit Thränen endlich abgehalten hatte, zum Pastor hin zu laufen und Lärm zu machen. –

Und die Gedanken schwanden ihr halb, daß sie sich in der Kirche wähnte. –

Aber sie fuhr plötzlich empor, weil die Kanzel herabgefallen war – und ein großes Geschrei entstand. – Sie fühlte, wie ihr Herz ging – und versuchte sich auf die andere Seite zu legen. –

Nun begann sie zu beten. –

Und so halb mit den eigenen Wünschen auf der Zunge – mitten in einem weiten, tönenden Gottesraum schlief auch sie endlich ein. –

Am andern Morgen hing sich Hauschild schon früh seine Tasche um und machte sich ohne großen Abschied auf den Weg. –

Er war stumm und verschlossen. –

Der Schnee fiel in großen, weichen Flocken, als er die Dorfstraße entlang ging. – Einige Brettschlitten klingelten eintönig an ihm vorüber, die hinauf nach Holze fuhren. –

Er lenkte seine Schritte in den ausgeschuhrten Fußweg zum Pfarrhaus hinüber. –

„Ist der Pastor zu Hause?" fragte er barsch. –

Eine etwas zimperliche Stimme antwortete aus dem finsteren Korridor: „Sie müssen einen Augenblick warten, lieber Mann. – Aber kommen Sie nur herein. – Im Hause ist's kalt." –

„Nee", sagte Hauschild bestimmt, „ich warte hier draußen." –

Und er trat zurück ans Treppenfenster und sah hinaus auf den Kirchhof. – Über die verschneiten Gräber preschte eine Hündin mit einem Anhang von zehn Dorfhunden von jeder

Größe, die gerade auf dem Grabe des alten Schultzen stehen blieben, knurrend einander anfuhren, aber sich dann nicht von der Stelle wagten. –

Hauschild lachte höhnisch. –

Nach einer kleinen Weile that sich die Thür wieder auf, und man hörte schon die Stimme des Pastors – harmlos und freundlich: „Guten Tag, lieber Hauschild!“ während der junge, bärtige Mann dem Alten die Hand hinhielt. –

Der sah es. –

Aber falsch war er ganz und gar nicht. – Und weil ihm nicht zu Mute war, daß er die Sache mit einem Handschlag hätte beginnen mögen, achtete er nicht weiter, sagte nur klar: „Guten Morgen.“ –

„Kommen Sie, lieber Hauschild“, rief arglos der Pastor, indem er voran nach seiner Arbeitsstube lief. –

„Das ist mir lieb, daß Sie kommen!“ –

Dabei öffnete er ein Zimmer, worin schon das Feuer im Ofen behaglich krachte und blafferte, und ging zu seinem Arbeitsstuhl. –

Hauschild folgte, ohne ein Wort zu sagen, und sah sich ruhig um. –

Das gefiel ihm: – Dieser weite Schreibtisch, auf dem die Bibel rechts und das Gesangbuch links offen lagen und hinter dem bronzenen Schreibzeug das dunkle Crucifix emporstieg. –

Und erst die beiden offenen Bücherschränke! – Denn Bücher waren Hauschilds Leidenschaft. –

Er hätte beinah vergessen, weswegen er eigentlich gekommen war. –

Aber der Pastor brachte ihn selbst wieder darauf. –

„Nun sagen Sie mal, lieber Hauschild“, sagte er in leutseligem Tone, als er nun in dem Armstuhl saß, „das freut mich, daß Sie kommen.“ – Er hatte Hauschild gewiesen, ihm gegenüber Platz zu nehmen. – „Ich habe mich längst darnach gesehnt.“ –

„Nee, Herr Pastor, daß ich mich gerade gesehnt hätte“, sagte Hauschild sehr ruhig, „das könnt' ich nicht sagen.“

Aber es war ihm doch peinlich – und er ärgerte sich auch, daß seine Stimme dabei so weich geklungen. –

„Sagen Sie 'mal“, rief nun der Pastor lebhaft, ohne noch groß zu achten, was Hauschild geredet hatte: „Wie steht's denn eigentlich mit Ihrem Glauben?“ –

Hauschild fiel sofort seine Mutter ein – und daß sie katholisch gewesen. – Er wußte also auch gleich, woran er war. – Das war ja gerade, was er wollte. –

„Das wundert mich, daß Sie das fragen“, sagte er jetzt innerlich vergnügt über diese Wendung. – Und fuhr dann in pfiffigem Pathos fort:

„Und tret ich einst aus Grabestiefen
Hin vor des Höchsten Angesicht,
So wird er meine Thaten prüfen,
Nach meinem Glauben frägt er nicht.“

„Ei, ei, lieber Hauschild“, sagte nun der Pastor, den jetzt nicht nur das blitzende Auge, in das er hineinsah, aus dem Gleichgewicht zu bringen anfing. – „Sie sind ja sehr poetisch.“ –

Weiter fiel ihm in der Verlegenheit nichts ein. –

Hauschild beobachtete ihn ganz genau. –

„Jawohl“, meinte er sehr gelassen, „das thun wir nicht anders. – Ich kann Ihnen auf jede Frage auch in Poesie antworten. – Übrigens bin ich evangelisch, Herr Pastor.“

„Nun sehen Sie“, rief der Pastor von neuem freundlich, obgleich es ihm jetzt so schien, als ob sich der kleine, listige Alte innerlich über ihn lustig machte. – „Aber ich bin schon sieben Jahre hier – und hab' Sie noch nie in der Kirche gesehen.“ –

Er schaute Hauschild erwartungsvoll an, indem er mit einem Papier auf dem Schreibtisch tändelte. – Aber Hauschild war wieder ganz in der richtigen Verfassung. –

„Da haben Sie recht", sagte er nun energisch, „aber das ist nicht meine Schuld, das ist Ihre." –

Er sprach es in voller Ruhe, weil er wußte, daß es treffen mußte. –

„Wie denn? – nicht Ihre Schuld?" –

Der Pastor geriet ganz außer sich, – denn wieder schimmerte etwas in den verkniffenen Augen, die er vor sich hatte. –

„Wie denn? – lieber Hauschild?" fragte er gequält und sah sich dabei hilfesuchend in der Stube um. „Haben Sie denn noch nie eine Predigt von mir – ein Wort – oder so…?" –

„Jawohl, Herr Pastor", sagte Hauschild, der in solchen Momenten grausam kein konnte, mit innerem Hochgefühl, aber ganz trocken: „Eine hab' ich gehört, das war die erste und wird auch hoffentlich die letzte sein!" –

Dem Pastor schoß völlig alles Blut zu Kopfe. –

Hauschild sah ihn triumphierend an.

„Wie denn? – Sagen Sie 'mal – nun – ich weiß nicht – erzählen Sie mir doch –."

Er fuhr sich durch die strähnigen Haare. –

„Ach", meinte Hauschild ganz von oben herunter – „zu erzählen ist da nicht viel. – Aber deshalb kam ich eben." –

Allein der junge Pastor, der auf einen solchen Überfall nicht gerüstet gewesen, machte ein so erschrockenes Gesicht, daß der Alte einen Augenblick zögerte. –

Aber da begann es ihm wieder in den Ohren zu gellen: „Kauft man nicht zween Sperlinge um einen Groschen?" –

Da ermannte er sich. –

„Wie Maiwald starb, hab' ich mir Witz gekauft", sagte er grinsend. „Kauft man nicht zween Sperlinge um einen Groschen?" –

Der Pastor sah ihm mit großen Augen auf den Mund. –

„Das war ja alles ganz in der Ordnung, was Sie da redeten", fuhr Hauschild mit spitzigen Augen fort, indem er nun mit der Rechten heftig und nahe gegen den Pastor gestikulierte; „da war von Himmel und Erde, von Groschen und Sperlingen – da war von allem möglichen die Rede, ock die Witwe und die Kinder und hauptsächlich Maiwald selber war vergessen." –

„Was meinen Sie damit –: vergessen?" rief nun der Pastor kummervoll, und sah verzweifelt an die Decke. –

„Nun – ganz einfach vergessen", sagte Hauschild trocken. – „Es war eben von Sperlingen die Rede." –

Nun grinste er wieder. Dann nahm er einen feierlichen Ton an. –

„Ich kann's Ihnen ja nicht verdenken", begann er jetzt finster. „Maiwald ist auch kein Kirchgänger gewesen. – Aber deshalb kam ich eben. – Deshalb wollt' ich Sie nur gebeten haben, wenn ich 'mal sterbe – und ich bin siebzig Jahre, Herr Pastor, – lassen Sie mich ruhig so einscharren. – Ich verfaule gerade so gut, als ob ich Ihnen fünfzig Thaler fürs Begräbnis zahle." –

Die letzten Worte hatte er im Haß gesprochen – und war dabei aufgestanden. –

Aber der Pastor hielt ihn am Arme nieder. –

„Nein, nein, lieber Hauschild", sagte er begütigend – aus einem bedrückten Seelsorgergewissen. – „Das ist nicht Ihr letztes Wort! – Das nicht! – Das überlegen Sie sich noch! – Das hoffe ich bestimmt." –

Er kämpfte einen Kampf. –

Aber Hauschild war zu Ende – und ließ sich nicht halten. –

Er hatte getroffen. – Das war die Hauptsache. –

„Nein, nein", sagte der Pastor von neuem voller Güte, „das weiß ich bestimmt, daß Sie sich das noch anders überlegen." –

Der Gedanke, daß er sich damals müßte im Tone vergriffen haben, fiel ihm nun schwer auf die Seele. –

Und er vertrat Hauschild den Weg. –

Aber den rührte in diesem Momente gar nichts. – Er fühlte nur eine nichtswürdige Ruhe, während er schon die Klinke in der Hand hielt. –

„Wunder geschehen keine mehr", sagte er gelassen, „und ehe ein alter Sünder, wie ich, mich zu dem Glauben an das leidige Menschenwerk bekehre – dazu hat's gute Weile! – Guten Morgen, Herr Pastor." –

Der Pastor war endlich zurückgetreten. –

Hauschild war draußen. –

Hauschild war damit befriedigt. –

Weiter als sein Verhältnis klären, hatte er nicht gewollt.

Der Pastor wußte, was der Alte von ihm dachte – und daß er vor „Röcken" keine Ehrfurcht kannte. –

Mehr wollte er nicht. –

So ging er wieder seinen Geschäften nach – noch viele Jahre lang die alten Wege. –

Auch wenn er einmal wieder davon hörte, daß der Pastor Kalender verkaufte, störte ihn das nicht mehr. –

Fünf Jahre später eines schönen Herbsttages, wie die Morgensonne zwischen den roten Kirschenästen hindurch auf Frau Hauschild fiel, die schon am Fenster strickte, und ihre knochigen Hände im Schoß überglühte, war er doch zum Hinausgehen in die Berge zu müde gewesen. –

Er setzte sich lachend in die Sofaecke.

„Nu, Mutter! – Wenn mich jetzt der liebe Herrgott nich' mag, da wird mich wohl der Teufel balde holen." –

„Ach, Jakob! – Nee! – red' ock nich' so was!" sagte Frau Hauschild ängstlich, die auch gleich ihr Strickzeug beiseite legte, um ihm Thee zu kochen. – Und sie lief an den Herd. –

Aber Hauschild war unruhig, – daß er sich unterdessen von der Sofaecke erhob und auf ihren Arbeitsstuhl setzte, dann aber am Bette hocken blieb. –

„Leg' Dich doch ins Bette, Jakob!" –

Er sah plötzlich sehr müde und bleich aus – und er legte sich. –

Frau Hauschild erschrak, wie sie ihn liegen sah.

„Ach, Jakob, – nee – soll ich nich' doch – den – Pastor rufen?" –

„Nee, Mutter", brach er noch einmal vergnügt heraus, wie in seinen aufgelegtesten Tagen.

„Was sollte mir denn der fremde Mann?" –

Dann kreiste er, weil er schwer Atem bekam.

Frau Hauschild weinte. –

„Worte – thun's – nich mehr, Mutter", sagte er mit einiger Anstrengung, aber verschmitzt. –

„Und mit dem Oben – das muß doch jeder persönlich abmachen. – 'Ne Medizin kann man doch dafür nich einnehmen." –

Dabei legte er sich zurück in die Kissen. –

Frau Hauschild strich ihm liebevoll über die runzelige Stirn.

„Schlaf 'ne Weile." –

Mehr konnte sie nicht herausbringen. –

Dann setzte sie sich an den Tisch und las mit halber Stimme: „O Haupt voll Blut und Wunden......"

Die Sonne fiel auf das schwarzlederne Gesangbuch und dessen messingbeschlagene Schließen und überhauchte rosig ihre mageren Hände und ihr Häubchen. –

Dann im Emporsteigen fiel sie auf ein stilles, ruhiges Totengesicht.

# Die Bradlerkinder

## Erstes Kapitel

„Das überzeugt mich ni, Mutter! Das überzeugt mich nie und nimmer, Mutter. – Da kannst de sa'n, was de grade willst, – da bin ich ni mite – da mach ich ni mite“, so klang eine junge Stimme leicht lachend aus dem kalten Dämmerlicht des verwahrlosten Stalles in die offene Stubentür. Eine Husche dichter Flocken wehte von den Bergen durchs Dorf und an den Talhängen hin und hüllte auch die schiefhängende, graue Hütte hoch oben am Waldsaume, wo die Bradler-Leute wohnten, tief ein, daß drinnen das Dunkel aus Ecken und Winkeln plötzlich hervorkroch, und man weder die Mutter in der Stube, noch die Tochter im Stalle deutlich erkennen konnte.

„M a c h ock lieber“, sagte nach einer Weile sanft die Stimme im Dämmer der Stube. Und das Wort erstarb in dem einsamen, armseligen Häuschen, und der Schneesturm fegte mit einem mächtigen Stoße johlend durch den Schornstein, trommelte an den kleinen, trüben Scheiben und erstarb ebenso wieder im tiefen Schweigen. Ein Balken in der Wand krachte. Der Seeger ging eintönig tickend hin und her.

„Denk ni immer an sulche Sachen, die de Menschen bloß uf unrechte Wege führen.“

„O, unrechte Wege“, klang es fast erbittert aus dem Stalle zurück. „Immer sein's unrechte Wege. Ich möcht' ock wissen, warum das unrechte Wege sein! Wenn der Pfarr' se geht, sein's keene! Wenn insereens se geht, heeßt's glei immer, 's sein unrechte Wege! Warum denn? Wenn man a lumpiges Tüchel umbindt, wu a paar Seidenfädel nei gewirkt sein, heeßt's glei unrechte Wege. Mir sull'n de Tüchel aus Sackzeuge tragen! Andersch gehiert sich's nee. Und de trucknen Kartuffeln aus 'm blanken Erdboden fressen. Suste sein's unrechte Wege – und a Wein und 's Gebratene fressen de andern."

„Madel, sprich ni! Du wißt, du ärgerst mich! Du ärgerst mich", klang es lebhaft von der Mutter und sie seufzte: „Oa! Oa! Oa! – Ach mein Gott, mein Gott, du, du! – Ach, lieber himmlischer Vater! Das sein Kinder! das sein Kinder!" Die gichtbrüchige, fast noch junge Mutter saß am Tische, eine Schüssel voll Bohnen vor sich, die sie lesen wollte, und die Hände im Schoß.

„Da sitzt man nu! kee Glied kann ma' rühren, keen Handgriff kann ma' nimmeh' richtig machen, keen Schritt tun! Oa! Oa! Oa!... ju, ju! 'S is kee Wunder, wenn 's bei ins drunter und drüber giht! Ich bin ju uf euch angewiesen!... Der himmlische Vater muß 's doch a su gewollt ha'n. Ich muß mir ju doch alles gefallen lussen. Wer hört denn uf an solche Elende? Wer hört denn uf so a krankes Weib? Wer denn? Ich muß ju alles gihen lussen, wie's giht ... und wenn's Häusel zusammensterzt über mir ... Jeses, Jeses! Wenn de Sünde in's Häusel kimmt, meine Finger sein ju krumm! Und wenn der Teufel zu ins'rer Türe 'reintritt und mir de Kinder verderbt, daß ich's sah, ich kann ju kee Scheit ni meh – könnt ich ju greifen und ufheben, o mein Gott, mein Gott im Himmel, du, du!" – Und man hörte sie wieder seufzen.

„Mutter, ich bin ju schon stille. Ich kann das Jammern ni aushalen."

Es blieb nun eine Weile ganz still im Raume, aber die Mutter begann von neuem:

„Ich wiß ju, daß ihr mich gutt und gerne pflegt. Ju, ju, das macht ihr ju."

„Nu also ... und was ich sonst sagte, war ock Gerede."

„Ju, ju, das macht ihr ju, gutt seid ihr ju! Helfen tut ihr mir ju!“

„Und wie der Vater is, dächt ich, müß't de au wissen.“

„O je! ju, ju! – O, der Vater! Nee, nee! – Wenn der ock immer derheeme sein könnte, wenn der ock immer ufpassen könnte: O Jeses, der Vater, der is rechtlich, der is a christlicher Mann! Der arbeit' ... Ach Gott, ach Gott...“

„Nu also“, sagte wieder die junge Stimme im Stalle, und das Gespräch verstummte von neuem. Man hörte nur wieder das Ticken des großen Seegers und ein kreißendes Atemnehmen der Mutter.

„O mein Gott, der Vater, rechtlich is 'r – der Mann! – Nie – nie – nie“ die Stimme klang fast getragen, „wie's a su schlimm mit mir kam – nie – nie – nie...“

„Was sagst de, Mutter?“

„Der Vater hat nie gemurrt, daß ich uf eemol nimmeh' zu brauchen war, niemals ni – ock gearbeit' hot 'r – o meins! o meins! – nie gemurrt hot 'r, nie häßlich gewa'n is 'r! Ock immer noch meh' gearbeit' hot'r, de Nacht – wie viele Juhre – immer ock de Fabrikfeuer unterhal'en – und wenn 'r im drie, viere, heem kam, nu erscht a Acker imgemacht – a Kaffee gemacht – 's Hulz gehackt – 's Hulz getra'n – und ni eemol gemurrt – mit keenem Worte ni – ehnder noch immer amol 'n Witz gemacht, daß ich ei meinen Schmerzen nee gar söllte a Mut verlieren!“

„Nu ju ju – ma siht's 'm au' an, 'm Vater. De Runzeln sein tief genung! Und krumm giht 'r genung...“ kam's höhnisch aus dem Stalle.

„Ju, ju! de Runzeln sein tief genung! Der Kummer und de Arbeit sein gruß genung.“

„Und Ernst söllt 's grade au so weit brengen“, setzte die Junge eifrig fort. Der Schneesturm pfiff wieder mehrstimmig im Schornstein.

„Was sagst de, Madel?“

„O, ich sag weiter gar nischt.“

Aber die Mutter war beunruhigt.

„Du kannst dich eben ni gedulden! Ihr Kinder könnt euch eben ni gedulden.“

„Nee, das kann ich au noch ni.“

„Mir müssen ins aber gedulden. Was wöllten mir denn machen! Ich muß mich au gedulden! Nu gar ich – ich bin ju wie gefesselt – ich bin doch richtig wie gefesselt. Da muß ich mich gedulden. De Menschen können mich ni meh losschmieden. Da muß ich mich gedulden. Ich muß uf insen Hergott passen. ’S kann ’s bloß noch Eener.“ Und man hörte wieder die Uhr ticken – und von der milden, inbrünstigen Stimme weiche, heimliche Gebetsworte, die in dem Rütteln und Pfauchen des Sturmes verklangen. Aber die Junge, kaum Sechzehnjährige, sagte nur gleichgültig:

„Schlimm genung, daß inser himmlischer Vater a Gefängnismacher is.“

Dann guckte sie aus dem Stalle mit nachlässigen Haaren, die ihr um den Kopf hingen, den Milchkübel noch vor den Knieen, in den dämmerigen Flur hinein – vorgebeugt horchend – mit Augen, die aus Dunkel leuchteten. Es hatte geklungen, als ob der Hütte ein Fremdes nahte. Der ruppige, braune Köter, der wütend die Tür der einsamen Armut bewachte, hatte angeschlagen, bellte und heulte. Aber er verstummte bald wieder. Man hörte das Klirren der Kette und daß er in seine Hütte zurückkroch. Pauline nahm das Melken der einzigen, kleinen Kuh in dem dunkeln Winkel des zerschläterten Stalles von neuem auf.

„Wu is denn der Junge? Wu is ’r denn nu a ganzen Nachmittig hie? Was hot ’r denn für a Gestecke mit Augusten?“ begann von neuem eintönig die Mutter, „warum bleibt er denn ni lieber daheeme? Er is’ doch sonst ni a su. ’S hot wull ni genung zu tun daheeme. Ich dächte, Vaters Stiefeln lägen vorhero schon a paar Tage zum Machen. Warum arbeit 'r denn ni? Warum is 'r denn asu unstetig heute? Warum hot er denn keene Ruhe heute?"

„O! fräu'n ock salber, wenn er heem kimmt!" sagte die Junge.

„Er kam au' die Nacht a su spät heem!"

„Du wißt ju, daß 'r bei Augusten war", gab die Junge hartherzig zurück, dann fuhr sie höhnisch fort: „Lächerlich! Nee, 's is überhaupt lächerlich! An Jungen vo achtzehn Juhren! – wegen an su 'ner Tummheet mußten se da Jungen ei's Loch brengen! Nee, lußt mich ei Friede! De Schandarme han eben nischt zu tun weiter, als tumme Jungen und al'e Saufweiber ei's Luch brengen. Is ni wuhr, Mutter?"

Die Sonne fiel plötzlich im silbernen Strahlenkegel aus Abend durch die sausenden Wirbelwolken. Alles wurde einen flüchtigen Augenblick Licht, das auch in die winzigen Fenster des Bradlerschen Häuschens schoß, die Stube durchsilberte, den Stall durchsilberte, glänzend über den Rücken der Kuh und in die zerzausten Blondhaare des Mädchens glitt, die Stalldecke aus eitel Spinnweben wie in silberne Spitzen hüllte – und alles in einem unerfindlichen Blinken lag. Auch in die Augen der Jungen und in ihre Seele fiel das Licht, daß sie kindlich lachte:

„Ha, ha, ha, Ernst wullte au amol im Wagen heem fahren – der Junge wullte au amol a Herrn spielen – 'r wullte au amol 'n sulche Bequemlichkeit kusten –"

Nur die Mutter im Stübel konnte der Lichtstrahl nicht froh machen, und sie klagte: „Wenn's nu aber doch ni s e i Pfard war! Wenn's nu aber doch e e n e m A n d e r n sei Gescherre war."

„'S war 'm eben amol plötzlich ei a Kopp geschussen, wie 'r das Fuhrla stihen sah –: Nuf uf a Bock und nu au amol heemgefahr'n. Du wißt ju, wie 'r manchmal is, 's packt 'n und 'r greift zu – und 'r wiß nimeh, is 's was, oder träumt er was. Und fertig is de Tummheet. Aber was an Tummheet is, muß an Tummheet bleiben, bis se der Schandarm zur Klugheet macht. Is ni wuhr, Mutter? – Wullt 'r denn stehlen? – Wullt 'r denn das Pfard mit ei's Bette nahmen? – An Tummheet war'sch – 'r fuhr bis vur a Kretscham nunder und ließ das Wagel stihn und lachte ock, daß er a su fein war heem gekummen." –

„An Tummheet war'sch, an Tummheet war'sch", kam es begütigend von der Mutter.

Der Abendschein war flüchtig fort, und es war plötzlich Nacht geworden über Bergen und Tälern und in der Hütte. Pauline erhob sich, stellte den vollen Kübel beiseite, nahm die Laterne von der Wand und machte Licht. Als sie den kleinen Schein in die enge, dunkle Stube trug, tauchte ein bleiches, schmales, heiliges Gesicht aus Finsternis heraus, Züge, wie von der Gottesjungfrau, seherisch und in tiefer Geduld: Mutter Bradler saß, die Hände im Schoß, wohlgepflegt in bunten Kissen, in einem großen Stuhle, den ihr Bradler in Sonntags-Feierstunden geschnitzt hatte, und starrte vor sich hin, so weit das Auge und so voll stillen Leidens, daß man die Armut und Enge rings, die kahlen, schwarzen Wände und verräucherte, niedrige Balkendecke ganz vergaß. Groß und ernst und geweiht saß sie wie eine Heilige im kleinen Raume, die der Lichtschein vergoldete.

Pauline lief nun im Stübel hin und her, ohne groß zu sprechen. Dann kauerte sie vor dem vernutzten, schiefen Eisenofen und stopfte Scheit um Scheit hinein, und ein heller Feuerschein fiel auch auf ihr junges, feines Gesicht. Seltsam, ein Gesicht wie aus Marmor – edel – streng in den Linien – wie ein Kopf auf einer Gemme – und die Lider voll Schwermut, wie wenn sie sich senken könnten zum lieblichsten Traume. Und wenn sie sie plötzlich hob, so den Blick weitend, als könnte das sichere Auge wie bei einem Nachttier unbewegt durch Finsternisse blicken. Grausam schien das Gesicht und lieblich zugleich. Und so pfirsichweich, zart und fleckenlos. Die Nase schmal und geschwungen. Man mußte an die Malatesta denken, jene Grausamen aus Rimini, die die Kunst berauschte, und die wildeste Sinnenlust zu Mördern machte. So grausam blickte das Auge der Jungen, so unerbittlich sah es in seine Hantierungen, so verächtlich hob sich die feine Oberlippe über den leuchtenden Zähnen, so vorwurfsvoll schien der junge Mund mit der leicht gereckten Unterlippe und dem scharf gewölbten Kinn. Alles war streng und lieblich zugleich, abwehrend und hartherzig und wild verwehend und lose, auch das nachlässige, lichte Haar um Schläfe und Nakken. Und sanken die entschlossenen Augen in sich zurück und senkten sich die schwermütigen Lider, so konnten jener jungen Seele auch Träume kommen voll Blumen und Sterne – und kalte Winternacht und enge Armut hoben sich, und es drängte in wildester Sehnsucht – und sie lief kränzewindend und lachend, wie Kinder im Morgenglanze auf weiten Hochwiesen treiben, oder lagerte mit ihnen, den Kopf tief im Grase unter tausend silberseidigen Berganemonen, die dann groß aussehen wie Bäume im blauen Himmel – dort, wo der Bergfink verklingend sich aufschwingt über Felsen im Licht. Aber es war nicht die Zeit zum Träumen. Ihre Augen waren offen und sahen nur in das prasselnde Feuer, das Hände und Gesicht beglühte, und dann hakte sie die Ofentüre fest ein und blickte sich in dem kleinen, armseligen Stübchen einen Augenblick um, wo die grübelnde Mutter noch immer unbeweglich am Tische saß und in sich hineinsann.

„Mutter!" und in die strengen Züge der Jungen schoß leichte Röte, wie Lilien sich röten, wenn nach Sommerregenschauern der Abendschein plötzlich in einen Blumengarten huscht.

„Nu – was hot 's denn?"

„Nee nee! Ich werd' dir'sch ni erscht sagen, Mutter. Du bist doch biese."

„Nee nee, au noch! sag mir's lieber ni!" wehrte Frau Bradler.

Pauline goß Wasser auf und drehte dann die Kaffeemühle.

„Viel Abwechslung ha'n mir ni, Mutter."

„Das b r a u c h t au ni sein."

„Immer ock daheeme sitzen und ei de Flamme starren." Pauline vollendete nicht, weil sie das Kaffeepulver ausschütten mußte.

„Ich ha ju nischt dawider, daß der Junge in e Wald giht und Holz sucht, aber Vaters Stiefeln – der Vater – du wißt doch au', der Vater b r a u c h t se doch; der Vater kann doch ni ei zerrissenen Stiefeln ei de Kerche gihn."

Pauline hörte gar nicht auf die Mutter, sie spann ihren Mißmut achtlos fort:

„Wenn ma mit dam bissel Krame fertig is, kann ma sich ei's Bett le'n und zuhiern, wie der Sturm zu a Dachlöchern reinpfeift, daß de Bettdecke wackelt und kann sich's Beste denken, wenn ma suste ni wiß, wie ma aus seiner Haut nausfahren soll." Die letzten Worte waren in leidenschaftlichem Haß gesprochen.

„Zünd de Lampe a', Madel, und schantier ni immer", sagte geduldig die stille Kranke.

Aber Pauline schien gleich was Besonderes zu beschäftigen, denn während sie die armselige Lampe mit der zersprungenen Glocke, nicht größer wie eine umgekehrte Kaffeeschale, anzündete, nahm sie einen entschuldigenden und tastenden Ton an.

„Was wär denn au derbeine, wenn mir ins heute mit da paar Flaschen amol an Lust machten!"

„Nee nee, ich trau euch ni! Ich trau euch ni!"

„Der Vater is ni a su!“

„Ach der Vater! der Vater is grade au’ a su, der Vater – der Vater –“

„Der Vater is eben ni a su mißtrauisch, wie du.“

„Der Vater is ebens zu gutt – der Vater is ebens zu müde – und wenn ’r heem kimmt, freut ’r sich, wenn ’r kann in Ruhe daheeme sein –“

„Und mißtraut uns eben ni“, sagte die Junge scharf. Und die Mutter sann.

„W a s sagst du, Madel?“ Und ihre Stimme nahm einen ängstlichen Ton an: „A paar Flaschen?“

„Nu freilich, Ernst hot a paar Flaschen Wein mite heem gebrucht.“

„Waas? – a paar Flaschen, wo s e i n denn die?“

„Nu uben ei d’r Kammer.“

„Ernst hätt a paar Flaschen“ – Frau Bradler sann, halb ahnungslos, wie Leute sinnen, die die Welt draußen nicht mehr kennen. Laufen konnte sie nicht. Sie war zehn Jahre nicht über ihrer Hütte Schwelle gekommen. „A paar Flaschen“, wiederholte sie. „Was söllen ins denn die?“

„Nu, mir kinnten ins heute amol a Fest machen. August kommt au’.“

„Wu hot ’r se denn h a r die Flaschen?“

„O! Jedes muß sahn, wu a bleibt!“ warf die Junge gleichgültig hin. „Der Pfarr’ gibt ins keene – und der Dukter trinkt seinen Wein au’ lieber salber. Er wird se ei d’r Apotheke gekauft ha’n –“

„Ei der Apotheke? Nee, Madel! Nu sag mir’sch aber!“ forschte die Mutter. „Ich trau euch ni, ich trau euch ni!“

„O! mag ’r se herhaben, wu ’r will, ich wiß au ni –“

Aber Frau Bradler ließ nicht nach.

„Nee – nee – das d u l d ich ni, das d u l d ich ni –“ und ihre Stimme klang in unerwarteter Aufregung.

Da ging ein Hohn durch das bleiche, schmale Gesicht der Jungen, und sie umarmte plötzlich die Mutter und liebkoste sie und streichelte das unbewegliche Leidensgesicht der frommen Frau und sagte begütigend:

„Mutterla, nu wer' ich dir'sch sagen! 'S hätt 's 'm Ees gegeben aus dam neuen Hause vo' da Reichen, die ei's Durf gekummen sein. Die ha'n sich unten doch a neu Haus gebaut, und die ha'n 's 'm gegeben, a su wahr wie's Leben – für d i c h , Mutter – verstihst de" – und die junge Schlanke ging wieder an ihre Hantierung, streng, fast noch strenger als vorher, und sagte noch einmal zur Mutter gewandt: „Für d i c h , Mutter, kannst's gleeben, Mutter", und sie warf die Unterlippe noch verächtlicher vor und die feinen Nasenflügel zitterten – und sie war noch bleicher und steinerner. –

## Zweites Kapitel

Unten, wo die Gebirgsstraße, in tiefen Schnee gehüllt, in langer Schlucht sich aufwärts windet, und die Zackenwasser unter Eise vergraben dumpf grollen und brausen, in der kleinen Fabrik, war alles noch in rastloser Bewegung. Die Räder schnurrten, die Bandsäge im Schuppen riß schneidend durch die dicksten Stämme, daß Klotz um Klotz polternd zu Boden fiel, ohrbetäubend, verletzend und eintönig. Die langen Lederriemen klapperten ewig auf und nieder, die jungen, schmutzkittligen Weibsbilder fegten lachend und schweißig um ihre Hantierungen. Draußen rollte und toste in unaufhaltsamem, wilden Getöse der Zacken über die Welle nieder, daß ein jeder in der Fabrik, vom aufmerksamen Werkführer bis zum armseligen, pfiffigen Laufjungen, von all dem Lärm erfüllt war, wie von gellender Stille – so ertrunken, so gewaltsam hingegeben, so eintönig und ewig und ganz durchdrungen, um noch groß überhaupt davon zu wissen – oder sich gar darum zu kümmern. Nur erst wie Bradler um sechs Uhr, eine Stunde vor Schluß, seinen Posten verlassen konnte und in dem kleinen Seitentale stand – die stille Winternacht mit dichtem Flockenfall und die Einsamkeit seines Laternenscheins um sich hatte, und die Flocken im kleinen Lichtschein ihn wie Mücken stumm umtanzten, schauerte er unbewußt zurück, als wenn er ein Grausen, eine Gefahr, ein Schrecknis hinter sich hätte, dem er eben noch heiler Haut entkommen war.

Er hatte dreiundzwanzig Stunden Schicht gehabt. Der zweite Feuermann war den Tag über krank gewesen, und Bradler hatte die Fabrikfeuer nicht verlassen können. Wenn er also noch zurückschauerte, war es kein Wunder, wenn ihn die wehenden Flammen und zitternden Feuer noch wie dunkle Schatten im Auge verfolgten, daß er sie in seinen kleinen Laternenschein hineinsah, war es kein Wunder: Ein Wehen wie von wallenden Mänteln, die sich noch immer umwarfen und züngelten, ein rastloses Auf – und – Nieder, unbändig und gierig – nur nicht mehr rosenrot-glüh und mit schillerndem Rauche durchsponnen oder in lichten Zungen, – aber züngelnd und fressend noch immer – wie gierige Bestien – und prasselnd und nagend. Freilich jetzt Schatten alles – alles gespenstig und gegenstandslos – alles nur kaum Grau in Grau – und fern – ganz fern, wie fernes, heimliches, gleichgültiges Ahnen und Bewegen noch, nicht mehr Wesen und Körper und Macht – nur Schatten und lose Rätselbilder, die mit ihm schritten, und die Bradler gut kannte, und von denen er wußte, daß sie langsam stille wurden, je mehr er mit seinem einsamen Laternenschein in die stille Nacht und Totenruhe, durch tiefen Schnee watend, aufwärts kam. Wie Brandmale der an die Feuer angeschmiedeten Seele, der sich das Leben der Flammen wie leise wühlende Narben eingefressen, die der neue Arbeitstag immer neu aufwühlt, und die sich nur langsam immer wieder schließen, die jedesmal wieder stille werden müssen, ehe der müde, demütige, zurückgedrängte Mann sich aus sich und in sein eigenes, kleines Feierabendleben hineinwagte.

Bradler war stehen geblieben, um das erste Mal tief Atem zu schöpfen. Es war stille, tiefe Nacht. Die Flocken fielen sanft im kleinen Laternenschein und krochen ihm in den Hals. Aber die Kühle war ihm angenehm. Im Tal unten war es windstill. Man sah im Lichtschein sein Gesicht, den Blick ins Leere. Die Augen glänzten aus Ruß und Schmutz heraus und schienen weich und kummervoll. Bradler war noch nicht alt. Nahe an Fünfzig. Aber sein Nacken war gebeugt, sein Gesicht mager – und Furchen hatten ihn zerfressen, wie wenn er in Wind und Wetter draußen gestanden, wie eine alte, magere Bergtanne. Und er hatte es gar nicht einmal gemerkt. Die Plage und Last war unversehens mit den Jahren und der Krankheit der Frau und dem Heranwachsen seiner Kinder langsam auf seine Schultern gekrochen. „Wem's gut giht, wird's gute gewöhnt, und wem's biese giht, werd's biese gewöhnt", sagte er jedem, der von seinem Schicksal etwas wissen wollte. Er wußte nichts weiter davon. Er wußte nicht, daß jeder, der ihn so begegnete, wenn er die große Ledertasche am Riemen, müden, schleppenden Ganges, den verschmierten Hut auf dem vorgereckten, sorgenvollen Schädel, sinnend heimwärts stapfte, ihm ansah, daß er unsichtbar eine Last auf seinen Schultern trug, die ihn langsam und unbarmherzig noch erdrücken mußte. „Das is 's Leben", sagte er lächelnd. Er wußte nichts weiter davon. Es drängte ihn auch heute nur heim – aus der langen, lärmenden Feuerarbeit heim in die stille, halb dunkle Stube, zu der sanften Kranken, die wie eine Heilige am ärmlichen Tische saß, heim in Ruhe und Frieden. Er wußte kaum noch, daß die jungen Jahre vorüber waren, auch einmal Überschwang und Grollen und Schmollen mit Menschen und Schicksal. Daß auch er jung gewesen und voll Begierden, das alles wußte er kaum noch. Er sehnte sich nach nichts dergleichen, als nur nach seiner einsamen, verschneiten Hütte, der er nun in Flockenfall und Nacht auf dem verlassenen Dorfwege müde zuschritt.

Aber Bradler war schon im Dorfe hoch hinaufgekommen, und immer noch konnte er heute die Tageserinnerungen nicht los werden. Die Einbrüche in verschiedenen Häusern im Dorfe hatten die Feuerschattenbilder abgelöst und waren ihm nicht mehr aus dem Sinn gekommen. Und das unheimliche, höhnische Geplärre, das aus der jungen Weiber Reden sich darüber ergossen, plagte ihn unaufhörlich und rumorte in ihm. Er hatte die Dorfhäuser mit hie und da einem im Schneenebel strahlenden, kleinen Fensterschein schon hinter sich gelassen und schritt über weites, freies Feld. Hier wehten Schneewirbel, und der Sturm riß an seinem Rocke, daß er ihn festknöpfen mußte und den Hut über die Ohren band. Und er barg auch seinen Laternenschein unter seinem Rocke, daß nur auf die stapfenden Füße Licht fiel, damit nicht etwa der tolle Rumor und Umgang in den Schneelüften und an den verwehten Hängen hin unversehens noch das Licht lösche und ihn gar in samtschwarze Nacht begrabe. So stapfte er mühsam weiter, nur innerlich gedrängt, und sah auch nur mechanisch nach den Wegstangen, die tief im Schnee steckten, windschief und vergraben.

Wer solch einsames Stapfen und Waten in der Bergnacht im Wirbelsturmwetter nicht kennt, wenn es plötzlich heult, wie aus tausend gierigen Kehlen, und es greifend und reißend umgeht, einen fast aus dem Boden in die Lüfte hebend und stoßend, den kann die Angst vollends wirr machen. Nichts vor sich, als nur ein schwindeliges Schießen wildgepeitschter Flockenwirbel im engen Lichtschein zu Füßen und dann nur schwärzeste, donnerrollende, pfeifende Nacht: Nun stapfe an dein Ziel!

Aber Bradler kannte den Weg. Den müden Mann machte das nicht irre. Er ging den Weg wie im Schlafe, wie auch der Wirbel knatternd über die Hänge trieb und seine tiefen Stapfen im Nu verwehte. Er stapfte und kämpfte gleichgültig vorwärts. Nur die Gedanken ließen ihn heute noch immer nicht zur Ruhe kommen. Sie kamen immer eifriger. Und wie im Zwange, unaufhaltsam, begannen sie sich bald abzurollen. So aufdringlich und hart rissen sie sich schon und jagten sich hinterdrein, wie die Flocken um ihn, daß gar kein Entrinnen mehr war, je weiter er aufstieg. „Beim Juden eingebrochen" – er kannte den Mann, er sah ihn, wie er ruhig an seinem Kauftische stand, er sah alles vor sich, und er eilte nun selber schon von Situation zu Situation, eilte nun schon ganz ohne Rast, ohne Pause, ganz besinnungslos – er sah alles – das kleine Gewölbefenster am Vorbau, das man hinter dem Schuppen ungesehen umschleichen konnte – er schlich da herum, und er drückte es ein – ohne Rast, fast fiebernd, und stand auch unter Leuten, die halfen – alles nur jagende Gedanken – schon drinnen mitten unter allerlei Fässern und Flaschen und guten Schüsseln überall auf dem Seitenbrette, und ein großer Schinken hob sich fast seinen Augen entgegen. Er schlug in die Lüfte – mehrmals – er wollte alles verwischen – aber er war zu müde dazu. Sein Wollen hatte keine Macht. Die Visionen fieberten weiter – Neues schoß auf, atemlos eilte er durch die widerwilligsten Lagen. Und er schlug, während er mechanisch stapfte, wieder mit seinem Stock in die Nacht – mehrmals – und geängstigt entrang es sich endlich seinem Munde: „Mein Gott, mein Himmel!" rief er gepeinigt, weil er eben den Hausknecht mit dem Feuerhaken niedergeschlagen, und aus der Nacht heraus das blutüberströmte Leichengesicht in Vision deutlich erblickt hatte – und er fühlte noch den Feuerhaken in der schwieligen Hand, daß er ihn von sich werfen wollte, und der friedliche, übermüdete Mann war in Schweiß gebadet, das Herz schlug ihm bis in den Hals – er mußte stehen bleiben und Atem schöpfen. Er mußte sich gewaltsam aufraffen, um endlich aus dem Schrecknis herauszukommen. So einsam und dunkel um ihn, so müde war er, ein so rücksichtsloses Treiben spann ohne Ziel in ihm. Aber wie er stehen blieb – hörte er plötzlich ein leise gurgelndes Rauschen eines Bergrinnsals unterm Eise – da wußte er, wo er war – da schwand alles Böse – da fiel ihm auch klar ein, daß sie beim Kaufmann im unteren Dorfe eingebrochen – da schwand alles Denken: es kam ihm die stille Dämmerstube oben in den Sinn – in der einsamen, sturmumfegten Hütte – und er empfand plötzlich die Freude, bald neben der Kranken am Tische zu sitzen und den Kaffee zu schlürfen – unter seinen Kindern, die ihm nichts befahlen, die ihn ruhig sitzen ließen, so lange er wollte, und vor sich hinstarren – die ihn nur zwecklos einmal mit guten Augen ansahen, seine Ruhe duldeten, nur in stiller Handreichung um ihn waren. Und wie Bradler noch gar den Hund aus der Ferne hörte, der in die Nacht hineinwinselte und heulte, da wußte er gar nichts weiter, als daß da oben seine Hütte lag, daß er nun in der wohligen, warmen, niedrigen, halbdunklen Stube einen Abend still unter seinen Leuten leben durfte.

## Drittes Kapitel

Die Bradlerleute hingen aneinander, als wären sie miteinander in Eins verwachsen. Deshalb kam auch Pauline, seit sie aus der Schule war, nur noch selten einmal aus dem Hause, und Ernst fand daheim genug Arbeit, daß er die Gelegenheit wahrnahm – anstatt unter groben Maurerpolieren zu handlangern, sich mit Kalk die Stiefeln zu verbrennen und morgens und feierabends weite Wege zu machen. Er saß jetzt wieder den ganzen Winter in der Ecke neben dem Sofa, hantierte mit Schusterahle und Hammer, oder las und schmauchte, und die Leidende hatte ihn immer vor Augen, und sie sah ihn an mit Leidenschaft. – Und heute konnte sie keine Ruhe finden, weil der Platz leer war. Aber sie verriet ihre Unruhe mit keiner Silbe, als der Vater bei Nacht und Sturm eintrat. Sie saß da mit der leise strahlenden Freude im frommen Gesicht, die immer bei ihr über einen geheimen Gram hinglänzte. Es war tiefer Frieden im kleinen, dämmererhellten Stübchen. Und die Leidende fühlte, wie Bradler sie mit verborgener Seligkeit, herausgehoben aus all der grauen, dunklen Notdurft, in reinlichen Kissen, wie fromm und heilig über allem schwebend, im kleinen Lampenschein erblickte. Und ihr erschien Bradler auch in Verklärung, wie nur die sanfte Gebundenheit des ewigen Leidens, die stillmachende Schwäche, die völlige Loslösung von den irdischen Geschäften sie in eine Seele legen kann. Wie er noch im Dunkel der niedrigen Tür stand und sich den Schnee aus dem Rocke schlug und vor der Schwelle die Eisklumpen von den Stiefeln abtrat – jedesmal wieder sah sie einen Mann eintreten, wie von Gott gesandt, Güte im Auge und die Versöhnung und Treue – wie in glänzenden Kleidern, die unter Kohlenstaub und Armut für sie immer hervorleuchteten. Manchmal konnte sie denken, daß sie Bradler der eigentliche Lichtschein im grauen Leben war. Heimlich sah er sie an: die fromme, schöne Frau, vornehm und fast in Größe und einer Entirdischung, die auch dem Fremden, der eintrat, gleich auffallen mußte. Sie gab einen wirklichen Glanz in sein armseliges Knechtstum. Ihre Scheitel waren noch voll und dunkel ums Ohr gelegt. Aus der Bleiche des sonst vollen Ovals sahen braune Augen – klar, aus Leiden und Schmerzen weich und zur Liebe gereift, die alles nun verbergen wollten im Wesensgrunde, als nur, daß Glück und Friede den grauen Arbeitsmann im engen Stübel empfinge – kein Gram, kein Streit, keine Unruhe, nur Wärme und Licht und Liebe, während der Schneesturm ums Häuschen fegte und heulte und donnernd aufwachte und wie ein Geisterchor vorbeistöhnte, daß Dach und Häuschen leise zitterten und bebten und die Fenster fein zu klirren begannen. Nein, nie hätte die Mutter zu kümmern und klagen gewagt, wenn der müde Mann eingetreten war, wenn er stumm neben sie trat und ihre Hände streichelte, die Hände, die so weiß waren, wie die von Engeln. Nie hätte sie gewagt, ihm mit Bedenken zu kommen, ihm den Frieden und die Demut zu verscheuchen, die um alles lagen, sobald er seine Tasche erst am Eisenofen an den Boden geworfen, und ehe er sich am Tische niederließ, noch einmal der lächelnden Mutter über den schönen Scheitel zu streichen versucht hatte mit seinen groben, schwieligen, schwarzen Arbeitshänden. Auch die Kinder wußten das heimliche Einvernehmen jener beiden Seelen, der leidenden, stillen Frau und dem demütigen, gebeugten, stillen Feuermanne. Sie wußten und sahen es immer wieder, daß zweie vor einander saßen, die einander ohne Worte sich dargaben zu einem Einklang, so stumm und so innig wohl erkannt, daß jede Roheit verklang, jedes derbe Wort stumm wurde, jede rauhe Gebärde auch aus Paulinens Wesen gewichen war, daß auch sie aufmerksam und liebevoll einherging um den rußigen, müden Lastträger und Demütigen, und aufmerksamer und liebevoller noch wie in jeder Tagesstunde sonst und mit einer wahren Spannkraft um die in ihrer einzigen Glücksstunde strahlende Kranke.

„Wie ging's denn, Mutterla?" hatte Bradler nur gefragt – „heute?" als er sich endlich am Tische zum Kaffeetopfe niedergelassen.

„O mein Gott! 'S giht, 's giht, Vater! Wenn's a Schnee runter brengt, gihn de Schmerzen. 's is mir ernt gegangen, Vater!"

Und die Schneewirbel rasten und zitterten in der schaurigen Winternacht ums Häuschen, das hoch am Walde und einsam vergraben lag – und die Donner in den unzähligen Waldkronen erwachten von neuem und rollten sich zusammen, daß sie wie Tonlawinen nieder ins Tal zu stürzen schienen. Und Bradler war unaussprechlich wohl im kleinen Raume, daß er nur ganz alles von ferne hörte, nur den heißen Kaffee Schluck für Schluck über ein winziges Zuckerkorn durch die Zähne einsog und lange keine Worte finden konnte. Und Pauline legte starke Scheite ein, so daß es im Ofen neu zu prasseln begann, daß man einen Augenblick kaum den Sturm noch über dem Krachen und Bersten im Ofen mehr spürte, daß eine weiche Wärme alles noch wohliger umfing, und noch summender und zufriedener machte. Nur wie Bradler plötzlich wie erwachte und an den alten Seeger sah, erfaßte die Frauen beide gleichmäßig eine heimliche Unruhe. Daß Ernst noch immer nicht kam, begann sie zu quälen, aber niemand wagte es auszusprechen. Niemand wagte den andern zu beunruhigen. Er würde nun jeden Augenblick eintreten, beruhigte sich heimlich ein jedes. Obgleich Pauline und die Mutter Vaters Blick sofort angesehen, daß ihm das Ausbleiben noch dazu in solcher tosenden Nacht innerlich zuwider war. Aber der Mißmut war schnell aus des Alten Augen gewichen. Der Kaffee hatte ihn erwärmt. Er starrte lange die Mutter an und lachte.

„O mein Gott, mein Gott, Mutterla, a eegnes, eesames Haus is doch schien. Wenn mir müßten mit 'ner Herde fremder Menscha zusammasitza – denk ock, wie dunda bei Vinzenzen! O Jeses, oder gar Nachbarn ha'n, die bloß uf's Ärgern ausgihn und uf's Kränka und ins keene Kartuffel uf insen Ackerla ginnen!“

„Nu freilich, freilich, Vater“, sagte die Mutter ganz verklärt und suchte zu lachen, „o je je – nee nee –! Ju ju – mir han's gutt, das is wuhr – s i h r gutt han mir's – mir missen Gott danken, wie mir's han", sagte sie dann noch eifriger und dachte flüchtig an ihr Gespräch mit Pauline und richtete nun ihre Worte heimlich an die Junge, obgleich sie sie in die armselig glücklichen Augen des Alten hineinsprach. „Mir han's besser als Tausende und Tausende vo Leuten. Mir missen ins sihr, sihr bedanken bei insem himmlischen Vater", fügte sie noch fast feierlich ermahnend hinzu – und rief dann Bradler zur Bestätigung auf: „ni, Vater? is ni wuhr, Vater? d a s sagst du doch au'?"

Aber Bradler hatte sich in sein eigenes Behagen tiefer hineingesonnen, und der Tumult draußen in den Nachtlüften kam noch hinzu, daß er kaum recht gehört hatte. Er erzählte ruhig weiter, ohne zu antworten.

„Wenn Preußler heemkimmt, a Geschrei unten und a Geschrei uben – a Geschrei rechts und a Geschrei links – a Teebs hinga und a Teebs vorne – o mein Gott, du, du", endigte er seine Erwägung. „Preußler sagt, zum Kränke kriega! Wär ni Streit unter a eegnen Kindern, da prillt's aus 'm andern Stiebel. Wär ni Zank im andern, läg eener im dritten besuffen, der pfiff und säng und spektakelte, daß ma' ubadrein noch a Schlaf darbte."

„O meins, meins! Nee nee, das ging ni bei ins", sagte Frau Bradler eifrig. „Ruhe mußt du ha'n.

„Nu du doch au', Mutterla!" lachte der Alte.

„Ju, ju, schien ruhig is 's bei ins, das muß ma sa'n!" gab nun auch Pauline ganz wider ihren Willen fast harmlos dazu und auch wider ihre Gewohnheit, da sie das Reden mit dem Alten fast immer der Mutter überließ. Aber es peinigte sie, daß Ernst noch nicht da war. Und da Bradler jetzt aufgestanden war und sich wieder unruhig umsah – nahm sie noch vollends einen ganz harmlosen Ton an, und versuchte, das Gespräch eifriger zu beleben. „Mein Gott, wie's au' da Liebschleuten giht", sagte sie arglos in Vaters Augen hinein – und kam mit dem heißen Kaffeetopf wieder zum Tisch, daß sich Bradler noch einmal setzte – „hust's ni gehiert, Vater? Liebsch will aus seinem Häusel furt – um jeden Preis ock furt. Die grobe Schalaster vo Haken läßt doch da Leuten ni Ruhe Tag und Nacht. Und wie glückselig war der Mann, wie 'r ei das eelitzige Häusel neizug – is ni wuhr?" fragte sie noch und sah ihn wieder arglos an, daß der Vater nur wieder ganz befriedigt erwiderte: „Biese Leute, biese Leute!" und neu zu schlürfen fortfuhr.

Aber dann entzündete er die Laterne und ging in den Stall. Das tat er immer, nachdem er heimgekommen und getrunken hatte. Er sah seine ganze ärmliche Habe immer von neuem schweigend durch, sobald er daheim war. Und wie Bradler kaum mit dem Laternenschein im finsteren Hause verschwunden war, flüsterte Frau Bradler ängstlich der Jungen zu: „Um Gottes willen, wu bleibt denn aber heute der Junge?"

„'R kimmt! 'r kimmt! Mutterla! ängstige dich ni!"

„'S is ju aber schun uf sieben zu!"– –

„'S hot eben erst sechse geschla'en. 'r kimmt", gab Pauline leise zurück, und suchte die Kranke zu beruhigen. „Du wirst sahn, 'r muß jeden Augenblick kumm'n, 'r wiß ju, daß der Vater um die Zeit daheeme is", setzte sie so leise und arglos wie möglich hinzu, obgleich sie nun selbst nicht gut auf Ernst zu sprechen war. Und während die beiden Frauen so heimlich und leise verhandelten, stand Bradler schon draußen im einsamen Stalle, der in allen Fugen knackte vom Sturme, den kleinen Laternenschein über alles führend – und sann Schritt um Schritt um sich und in sich – besah alles – jedes Loch in der Dachwand, wo der Schneewirbel Flocken hereintrieb, und woran er langsam einen Gedanken spann, wann und wie er es verstopfen könnte – jeden faulen, moderleuchtenden, spinnwebigen Balken am Deckenwerk, das in tiefem Schatten lag und sich schon vor Mürbigkeit tiefer bog – über jeden Haufen Späne oder Schutt im Winkel führte er, Schatten werfend, den warmen Laternenschein, während der Dünger vor Kälte um ihn dampfte und er behaglich an die Frühlingsarbeiten dachte, wofür er alles parat gelegt. Und dann stand er lange und beleuchtete die magere Kuh, die einen vertrackten, knochigen Schatten an die Wand warf und aus dem dunklen Winkel nach ihm den weißscheckigen Kopf gutmütig und blöde in sein Licht reckte – die lange Zunge wiederholt um ihre Nasenlöcher schlug und dann nach ihm aussandte. Er streichelte das Tier, das gleich auch zweimal heiser zu brüllen anfing und an der Kette riß. Bradler verstand ihre Sprache sehr wohl – er streichelte sie neu – er wußte, daß sie sich freute, einmal ihn, statt immer nur Pauline zu sehen, die nicht so achtungsvoll und immer nur kurz angebunden mit ihr, wie eben Alltagsbeziehungen es mit sich bringen, umging. Und Bradler nannte sie „mei Scheckerla, mei Pummerla“ und kraute sie zwischen den Hörnern, daß sie ganz unbeweglich wurde und ihren Kopf tief gesenkt ganz hingab. Die armselige Kuh in ihrem dumpfen, kalten Winterstalle voll Dunst und Trübe, in die sie ewig blöde hineinsah, merkte wohl das festliche Gefühl, das Bradler in seine Habseligkeiten brachte, wenn er mit der Laterne im engen, verfallenen Häuschen alles, das Lebende und das Tote, musterte. Und Bradler hörte noch einmal ihren nun fast versagenden Klageruf, als er den kleinen Stall hinter sich schloß und in die andere Ecke des finsteren, sturmumheulten Häuschens eintrat, die buchstäblich eingestürzt dalag, aber gerade darum auch der wahre Quell von Bradlers eigenen Gedanken war. Hier sah es in der Tat bunt aus. In der Mitte des Raumes lag ein Haufen Sand und alte Ziegeln. Hier konnten die Gedanken gleich zu bauen beginnen. Die Deckenbalken waren niedergebrochen. Es stöberte dicht herein, daß Flocken um die Laterne tanzten, und auch reichlich Schnee sich in die Ecken gesammelt hatte. Übrigens war der Sturm fast noch toller und rasender geworden. Daß die kleinen Brettchen, die Bradler vor die ausgebrochenen Fensterlöcher genagelt hatte, nichts dagegen vermochten, war zu begreifen. Bradler stand auch hier unbewegt und in tiefem Sinnen. Dann begann er langsam seine Rocktaschen auszuleeren. Wenn er überhaupt in seiner Tages- oder Nachtarbeit, je nachdem, zum Denken an sich kam, kam er auch auf das verfallene Stübel. Er trug schon seit Monaten jeden Tag aus der Fabrik Tasche um Tasche Sand oder Kalk mit heim, woraus es einst einmal neu entstehen sollte. Das durfte er, wie ihm früher sein Herr auch erlaubt hatte, guten Boden ein paar Taschen voll täglich auf seinen steinigen Kartoffelacker mit heim zu nehmen. Der Kartoffelacker trug jetzt längst reichlich. Warum sollte nicht der Trümmerhaufen auch einmal ein reinliches, stilles Stübel sein, wer weiß, wenn Ernst oder Pauline einmal heiratete. Bradler stand hier oft lange in Gedanken, und niemand konnte glücklicher sein, wie er, wenn er wie ein Bauherr über Schutt und Trümmer ging. Aber Ernst war ihm wieder eingefallen, deshalb schloß er jetzt die Tür, die in den verfallenen Hausteil führte und trat in die Haustür, das tiefnächtige Wirbelwetter der einsamen Berglehne mit seinem Schein erhellend. Der Hund sprang an ihm auf und winselte, daß er achtlos dessen Kette löste, während er in die Nacht zu horchen schien. Und der Hund sträubte und schüttelte sich, ehe er in die Finsternis und den Schneesturm hinaussprang. Hinter dem Häuschen gingen Mächte um, mit Donnergewalten schütternd und rasend. Und der Hund warf sich in den Schnee und wälzte sich, bis er plötzlich auch aufhorchte, wie der Alte im Lichtschein in der Haustür, dessen Schatten unheimlich in den Wirbeln zuckte. Dann fuhr Mino eilig den Berg hinab. Bradler verstand alles, er war zufrieden. Er stand noch immer im Türrahmen, bis zwei junge Menschen aus der stockfinsteren Nacht im kleinen Strahle erschienen, denen der Sturm an den Kleidern riß und die Schalenden um Ohren und Gesicht schlug – da freute sich der graue Arbeitsmann nur heimlich, daß nun die Unruhe auch drinnen aus der stillen Leidensfrau schwinden konnte, und trat mit den beiden trappenden, frischen Jungen wieder ins Stübel.

## Viertes Kapitel

Ernst war aufgeregter, als er mit Feists August zusammen und dem Vater hinterdrein, der an der Stubentür vorsichtig sein Laternel löschte, in den engen Dämmer der niedrigen Stube eintrat, so daß ihm der Alte versonnen nachblickte. Aber er besann sich sogleich, als er der Leidenden innerlich fragendes und erstauntes, ausdrucksvolles Gesicht im Lampenscheine leuchten sah. Pauline kauerte im dunklen Ofenwinkel im Feuerlicht, nur die sicheren Augen beglänzt und die schmalen Züge gerötet, schürte im Ofen und ließ sich gar nichts merken.

„Warum kummt ihr denn a su spät", sagte sie dann plötzlich hart und rücksichtslos.

„Für ins is 's noch Zeit genung", gab Ernst absichtlich spitzbübisch zurück.

Sie kamen von Feists, auch armseligen Arbeitsleuten, wo viele halbwüchsige Kinder, junge Kerls und ausbündige Mädels waren, die in Wintertagen in den zerlumpten Sofaecken sich herumdehnten, oder über den schmutzigen Tisch gelümmelt lagen, die Köpfe zusammengesteckt, wobei nicht viel Rares gekocht und gebraten wurde.

Pauline waren die Feists Kinder zuwider. „Faules Gesindel", sagte sie. Nur grade nicht der August, der blindlings zu ihnen hielt, daheim nicht sein mochte und ganz nur ihr ergebenes Werkzeug war.

Wer etwa nicht glaubte, daß diese am Ofen hantierende, kleine, feine, unbarmherzige Pauline, die nun die Kartoffelschüssel im Halbdunkel, auf die sie ihre schwermutsvollen Augen und Lider gesenkt hielt, vollschüttete, nicht ihre klaren Pläne gehabt, der brauchte nur zu sehen, wie sie dem lachenden und zum Ausbruch geneigten Bruderblick hart und entschlossen und ohne mit der Wimper zu zucken, plötzlich begegnete, und wie Ernst auch sofort in sich ging, seinen lauten, aufdringlichen Wunsch, sich aufzuspielen, aufgab und sich nur auf die Bank in den Winkel setzte neben August, der die Pfeife neu zu entzünden begonnen – und nun lange im kleinen Raume Stille und Frieden blieb. Pauline brachte die Kartoffelschüssel an den Tisch, auch den Kaffeetopf neu. Die Jungen fingen an zu trinken. Die Mutter, jetzt gleich ganz beruhigt, hatte Ernst wieder vor Augen. Der Vater rückte sich die Lampe näher und atmete vielmal laut auf, während er das Wochenblatt von gestern zu lesen begann, das er sich immer aus der Fabrik mitbrachte. Und die Jungens rauchten, und Ernst begann nur langsam und allmählich wieder seine Bemerkungen – heimlich in August hinein – nur dann und wann – manchmal lauter, wobei Paulines Gesicht ein immer starreres und unbeugsameres Blicken annahm, und sie den Bruder nicht aus dem Auge ließ. So war nun Stille und ein Wispern immer – und der Sturm fegte – und August hörte auf Ernsts Reden, heimlich auf Pauline gerichtet, in die er wie ein Tier verliebt war. Er sah sie tausendmal heimlich an, die zarte, feine, unbarmherzige Pauline, ihres jungen, schlanken Leibes weiche, erste Rundungen, die sich aus ihrem dürftigen Kittel kaum hervorwagten, und dann die entschlossenen, leichten und kurzen Bewegungen, die fast wie eine Sprache wirkten, als könnte sie damit allein ihre ganze haßbereite, junge Seele zum Ausdruck bringen. Und er dachte auch, wie unnahbar sie war – wie streng sie jeden anfuhr, der von ihr etwas begehren wollte, wozu sie nicht bereit gewesen. Wie sie jeden gar erwürgt hätte, der es einmal gewagt haben würde, sie ohne ihren Wunsch und Willen anzurühren. Und August wechselte mit Ernst heimlich ein sinnloses Lachen und Worte und zögerte und schwieg, wie er sah, wie es Pauline zu ärgern und aufzuregen fortfuhr.

„Was hot 'r denn zu tuscheln, ihr tumma Junga", sagte sie auf einmal ganz dreist. „Ihr tutt ju grade, als bered't 'r an Diebstahl oder an Eibruch, ihr Kerle – red't doch laut –"

Sie sagte es ihnen jetzt geradezu – sie kannte die Wirkung ihrer Frage – und daß die Jungen furchtsam in sich zurückkriechen und einen harmloseren Ton zu finden suchen würden.

„Warum warst de denn heute a su lange ei der Arbeit, Vater?" sagte Ernst gleich darauf, und die Mutter gab hinzu:

„O jemersch, jemersch; ha'n mir gepaßt."

„Nu, ju ju", sagte der Alte lässig und nebenbei, „Kämpfe war krank und kam ni", und er sah nicht auf.

Und Ernst nahm seine Tasse, führte sie an den Mund und lachte nun spöttisch zu Pauline hinüber, die wie ein Steinbild ruhig dastand. Und es kam wieder Stille.

„Nu seid 'r uf eemol gar stille, ihr Hasen!" sagte sie kurz lachend – „a Vater stiert's ni, wenn 'r au' laut red't, und de Mutter hiert gerne was!" und sie dachte auch gleich an die Flaschen. Aber sie sagte nichts weiter. Und keiner der beiden fand gleich einen Ausweg. Sie dampften, hantierten an ihren Pfeifenköpfen mit dem Finger und stopften sie fester.

„Ju ju", sagte die Mutter – „der Vater hat's heute lange ausgehalen. Aber ihr könnt ruhig erzählen, was ihr wißt, a Vater stiert's ni."

„Nee ne, mich stiert's ni", sagte jetzt auch der Alte und sah alle nach der Reihe an und lachte. Aber wie er kaum ins Blatt zurückgeblickt, fiel ihm eine Notiz ein, die er schon mehrmals stille gelesen hatte. Da stand groß und breit, daß im Orte die Sache nicht mehr geheuer wäre – grade in den Schneesturmzeiten, während der Wind in den Dachbrettern rast, und der Wirbel jede Spur verwischt – und daß es einige junge Kerle sein müßten, die schon ein paarmal bei Einbrüchen gestört worden und entkommen wären. Ernsts Gesicht übergoß ungesehen eine Röte, wie es jetzt der Alte langsam und laut vorgelesen. Er fürchtete, es könnte jeder merken, daß ihn die Erzählung verlegen machte. – Und August sah auch starr auf die Wand, daß er erst nachher merkte, daß sich Paulines Kopf daran als Schatten abgezeichnet. Nur Pauline sagte ganz gelassen:

„Kee Wunder, Vater, wenn die Jungen uf tumme Gedanken kummen, 's is zu elende und armselig für an jeden –"

„Fängste schun wider a, Madel", sagte die Mutter klagend. „Nee, Vater, hier ock amol!"

Aber Bradler war zu müde. Er lachte nur. „Mutterla, 's sein Reden", sagte er und lachte auch Pauline zu – die seinen Blick ruhig und unbewegt erwiderte.

„Nee, Vater, 's sein keene Reden, kannst 's gleeben – du gihst noch nunder und siehst und hierst was – aber a su Tag aus, Tag ein – was hiern mir? Was sahn mir? 'S is a armseliges bissel Leben das –"

„Du gleebst mir's nee", sagte die Mutter, „und nu kannste 's amol hieren –"

Aber Bradler lachte noch einmal müde und sagte dann: „Ju, ju, ich ha au amol a su gedacht, Paulindla, und bin dann stille wor'n – 's werd dir au a su gihn –"

Und die Jungen lachten laut mit und sahen sich nun frisch an, und dann überlegen und fast kindlich amüsiert auf die Mutter, die ängstlich den Vater ansah, daß er doch einmal streng hineinführe, und der nur alles gelassen hinnahm. Und es trat wieder Stille ein – und jeder saß in seiner Ecke und träumte und ließ den Sturm rasen und am Hause rütteln. Und die Scheite im Ofen prasselten laut, und eintönig ging der lange Seeger, und stiegen die Tabakswolken der Jungen. Denn die Jungen mußten aushalten, bis ganz Ruhe im Hause geworden war.

Wer jetzt zu einem Fenster hinein in diese kleine, halbdunkle Stube geblickt, der mußte ein rechtes Geheimnis offenbar fühlen, wenn er von einem Gesicht zum andern lief und in jedes Traum hinein gesehen. – Ernst hatte sich bald über den Tisch gelehnt und begann Vaters weißen Kopf genau im Licht zu betrachten. In ihm lag es jetzt auch wie in Pauline. Derselbe entschlossene Zug war über ihn gekommen. Auch sein Gesicht war jung und schmal und fein geschnitten wie ein Marmorbild. Auch seine Augen konnten lachen aus Hohn und Haß, der im Grunde nicht zu Ruhe kam, und eine Verachtung ging aus seinem feinen, sinnenden Adlergesicht, als dächte er bei jedem weißen Haar dieses alten Schädels vor ihm, der sein Vater war, an die elendige Demut, in die der Alte Schritt um Schritt hineingewandelt unter der Last des gottgefügten Leidens. Und er lachte auf einmal laut auf, wie ihm das Wort seines Vaters noch im Ohre klang: „Ich ha au amol a su gedacht und bin ganz stille wor'n, 's werd dir au a su gihn." Und er lachte laut und frech fast den langen, gutmütigen August an, der ganz nur sein und der Pauline Federspiel war, und sagte: „Vater, du au? Du hätt'st au a su gedacht? – das gleeb ich gar nee!" und er wagte, höhnisch zu Pauline zu sprechen, als ließe er sich einmal in seine Karten sehen: „Gleebst du's, Pauline, daß der Vater au a su gedacht hot, wie du und ich?" und es tat ihm wohl, daß er sich heimlich und in Gefahr fühlte, und er fühlte sich.

„Bis ock stille, Junge", lachte Pauline – doch sicher und

entschlossen – weil sie dachte, der Junge könnte mehr verraten, als ihr lieb war – und weil es ihr gut dünkte, wenn der Abend nur so in Träumen und Dämmern vollends hinging. Denn der Sturm ging um, die Wirbel wehten – und die Nacht mußte benützt werden. – Aber gleich darnach dachte sie an die Flaschen.

„Is denn wuhr, Junge, du hust Flaschen mite heem gebrucht?" sagte in diesem Augenblick unvermutet auch die Kranke.

„Ich –?"

„Nu ju ju – du – eene Flasche oder zwee." Ernst begann wieder verlegen an seiner Pfeife zu stopfen.

„D u hätt'st an Flasche mite heem gebrucht?" gab der Vater harmlos dazu.

„Nu freilich huste Flaschen mite heem gebrucht", ergriff nun Pauline energisch das Wort.

„Die Flaschen, ach su, die Flaschen."

„Nu freilich, nee tu ock erst, du wißt's doch."

„Ju ju, die Flaschen, ich hätt's bale vergassen, ich kann se ju holen."

„Die Flaschen, die de vo da reichen Leuten da unten ei dam neuen Hause gekriegt hust."

„Ju ju, ich wiß schun, ich wiß schun."

„Du hust se doch für de Mutter gekriegt –!?"

„Nu freilich, freilich", gab nun Ernst erleichtert dazu, erhob sich auch gleich und stand schon an der Türe.

„Was meent Ihr, Vater", sagte er jetzt ganz phlegmatisch. „Das sein gute, das sein aber werklich gute." Mit der gelassensten Miene von der Welt sprach er es an der niedrigen Tür zurück und verschwand dann im dunklen Hause.

„Hot 'r se vo da Reichen, Vater?" fragte sorgend die Kranke.

„Nu freilich werd 'r se vo da Reichen ha'n, woher denn suste?"

Und wie der Sohn lachend eintrat, die Flaschen vor der Mutter hoch hielt und durchs Licht sah, da standen alle drum herum, ganz wie vor einem Wunder, und konnten es kaum erwarten. Und wie in einem Einvernehmen aus plötzlich entfesselter Gier nach etwas Festlichem, begann Ernst sie endlich zu entkorken, fast auch feierlich, und Pauline stellte Schnapsgläser und zwei alte Weingläser auf den Tisch und tat sicher, und Ernst goß nun ein mit Sicherheit und Großmut und schob der Mutter das erste Glas hin, daß bald alle mit erhellten Gesichtern im kleinen Lampenscheine die rote Glut funkeln sahen und dann tranken – ein jedes nippte und schmeckte und wieder trank – den Geschmack rühmend und fast verlegen, ein jedes eifrig immer wieder auf sein Glas sehend und schmeckend – so daß der Abend mit ungekannten, festlichen Gefühlen und Gesichtern vollends hinging.

## Schlußkapitel

Die Alten schliefen unten im Stübel, daß man Bradlers Atem hörte durch alle Hausfugen, und die beiden Jungen waren längst hinaus in Sturm und Nacht, zuerst mit Schneereifen an den Füßen am Waldsaum hin, der verhangen schien im winzigen, aber sicheren Laternenschein, und dann hinüber über den Berg ins letzte Tal. Es ging langsam und mühevoll. Aber sie waren aufgeregt auch noch von dem Weine, den sie getrunken hatten, und stapften lachend im finsteren Sturmwirbel, vor sich die Blendlaternen, halb im Rocke verborgen, mit ihrem kleinen Strahlenrunde in die Nacht. Pauline hatte sie zur Tür hinausgelassen, sicher und heimlich, lose gekleidet nur in Rock und Hemde, und hatte die Tür leise wieder ins Schloß gelegt. Aber sie konnte in ihrem schweren Bette und in dem Rütteln und Heulen und Pfauchen der Lüfte um Hütte und Dach keine Ruhe finden und schlich schon mehrmals wieder die Treppe nieder im kleinen Hause – so gespannt und lüstern war sie erregt – und stand nun horchend in der Haustür. Eine wilde Nacht. Sehen konnte man nicht zehn Schritt weit, und hören konnte man nichts als nur die Sturmreiter, die mit ehernen Schilden schlagend und tosend von den Hängen niederjagten, so daß es ihr gleich war, ob auch die Treppenstufen unter ihren Tritten laut geknackt hatten. Das ganze Haus stand in einem mächtigen Aufruhr. Sie horchte. Sie gab sich ganz hin, fiebernd und lauernd. Es machte so müde, das Getöse, daß wer ruhen und träumen gewollt, um seiner wilden Eintönigkeit willen wie bei einem Schlaflied tiefer als je entschlummern konnte. Und die Alten schliefen auch fest und tief in lichten Träumen, denn der Wein ging in ihren Adern um und machte Jugend und Hoffnungen auf dem Grunde lebendig, die längst vergessen doch wieder zum Grunde tauchen mußten. Und Pauline fühlte weder Frost noch Angst. Es war ihre Lust, daß die jungen Kerle hinaus waren auf Abenteuer. Es war wie ein Nachttier in ihr aufgewacht, das den ganzen Tag in ihren Tiefen schlummerte. Und sie empfand ein sinnloses und starkes Verlangen. Im Grunde war sie auch nicht unnahbar, sie glühte. Es fieberte in ihr, wenn sie so im bloßen Hemde und Rock an der Tür stand, und sie fühlte wie traumwandelnd sich der Gewalt hingegeben, wenn der wilde Sturm sie erfaßte, in ihren Rock fuhr und ihn bauschte – und sie fühlte und tastete traumverloren an ihren jungen Brüsten, zart und heimlich, und empfand Wollust, ohne sie zu kennen. Und dann schlich sie wieder in ihr Bett. Und wie eine sinnlos wilde Gewalt umfing sie im halben Traume, daß sie jähzornig aufschrie und sich wehrte gegen die Tatze, die sie um Leib und Brust und Hüften zu fühlen schien. „Um Gott!“ – solch ein peinigendes, heißes Auflohen, in das sie nun wachend und träumend gestellt war. Und sie sah auch immer des August

Miene, der wie ein Tier in sie verliebt war. Nun war er hinaus – beide ganz nach ihrem Wunsch und Willen. – Und sie erhob sich zum dritten Male und schlich die Treppe im tiefen Dunkel – und ihr Herz schlug in allen Pulsen in jedem Gliede, hindurch durch alles, daß sie nichts vernahm, nur wie ausgefüllt war vom heimlichen Pochen der Begierden, daß sie am liebsten aufgeschrien hätte vor wilder Berauschung. So brannte ziellos das Lebensfeuer in ihrer jungen Armut und Enge und versengte ihre stolze Seele. Und sie stand und sann im Türrahmen der Hütte, sturmumtost – sie sann. – „Warum stehe ich hier?" fragte sie sich plötzlich wie im Unbegreiflichen. Mein Himmel, warum stand sie immer wieder wie ein lüsternes Nachttier und lauschte, während die Jungen tiefer und tiefer, ferner und ferner verschwunden waren...

Dort, wo das Weißwasser zu Tale rinnt, schäumend unter Schnee und Eise, waren sie sicher ins Dorf gelangt, die Laternen nun gänzlich verborgen. Tief im Schnee, unter den alten Linden, die wie in Greuel rätselhaft in die Nacht gereckt, schneeverweht aufragten, lag der Gasthof zur Eiche in tiefem Schlaf, machtvoll körperlich und schwarz aus Schnee heraus, das Dach mächtiger und größer, als es ihnen je erschienen war. Es fiel ihnen ein, wie sie schon manchmal am Schänksims gestanden und sich einen Schnaps hatten einschenken lassen, und es fiel ihnen auch der sichere Wirt ein, ein junger dünkelhafter, sich fühlender Fuhrmannssohn – der geerbt hatte, schon fett geworden war und auch eine fette Frau besaß. Das alles ließ kein Bedenken aufkommen. Sie hatten zur Vorsorge Leimpapier mitgebracht, das sie auf dem Kellerfenster anbringen wollten, und sich unterwegs falsche Bärte um die jungen Gesichter gebunden, in denen jetzt der Schnee hing. – Sie konnten kaum noch lachen, so spannte es sie. – Und sie rückten noch einmal daran und schlichen dann nahe. Nichts war zu sehen und zu hören in der ganzen nächtlichen, tosenden Runde. Nur der Brunnentrog direkt am Hause plätscherte, und die Lüfte rasten. Und sie schlichen weiter und besahen sich genau das kleine Fenster, das in den Keller ging. Haha, ja, es war gut durchzukommen. Es hatte sich eine Schneelawine hineingeborgen, die sie rasch beseitigten. Aber es war ihnen doch ein wenig in die Glieder gefahren. Ermüdet von dem Stapfen, wie sie waren, und weil ihnen auch der Sturm mehrmals mit Schneewirbeln den Atem nahm. Ernst mußte sich einen Augenblick wirklich an der Hauswand anhalten, weil es ihn wie eine Ohnmacht plötzlich zu bedrohen schien, und dann auch Phantasien in seinen Lauf kamen, die ihn am klaren Sehen hinderten. Obwohl die Blendlaterne nun schnurgerade und sicher den Schein nur auf das kleine Fenster warf. Ernst stand ein Weilchen, aber er ermannte sich. August arbeitete. Wenn August einmal bei der Arbeit war, dann gab es kein Aufhören. Er war schon längst mit dem Leimpapier, was Pauline gemacht hatte, daran, das Fenster einzudrücken. Und wirklich nicht ein Knicken, nicht ein Laut. Alles blieb heimlich. Die Nacht war unbarmherzig und eisig und wildschütternd und ließ alles zu, verdeckte alles mit Schnee, der sich schnell von neuem zusammenschob vor dem Fenster, und es umheulte sie ein tausendstimmiges Brausen aus den Hängen. Ernst war auch schnell entschlossen. Er ergriff seine Trage und stellte sie durch das Fenster hinein – eine sichere Bewegung – und dann eilig wie eine Eichkatze hinunter in den Kellerraum – wo Fässer und Flaschen im Schein der Laterne schattenzuckend aufwachten: „Eins – zwei – drei –“, er zählte sie mechanisch – vieles brauchte er nicht. Aber es lockte ihn doch. Er ging auf den Zehen den ganzen Keller durch, lüstern und neugierig – trank eine Flasche Lagerbier leer – nahm zwei Eier, die er ausschlürfte – aß ein Stück Butter ohne Brot herunter, ganz gierig – nahm auch eine Speckseite vom Haken, in die er einmal kräftig hineinbiß, ehe er sie in seinen Korb schob

– es war ihm gar nicht, als ob er stehle, heimlich und sicher war's ihm nun, und kräftig fühlte er sich, daß er Augusten zuzurufen wagte, der draußen stand und nur wartete, daß die Sache bald ein Ende hätte. – Aber August schien der Ruf schon zu beunruhigen – er rief mehrmals leise hinein: „Ernst – schnell! – mach' schnell – 's is Zeit" – es schien auch tatsächlich drinnen in den Flurfenstern jetzt hell aufzublitzen. – „Donner, Hagel", entfuhr es dem draußen, und er rief hastiger: „Ernst – Ernst." – Und Ernst packte einige Flaschen und versteckte sie im Stroh seiner Trage und war immer noch in großer Ruhe. Da fiel ein Stück Kalk mit Geklirr von der Kellerwand und machte ein Getöse, daß ihn die Sorge ganz plötzlich angriff – und er sich sogleich hinaus ins Freie schwang. „Donner, Hagel", sauste ihm August noch einmal seine Angst entgegen, die der Sturm zerflatterte – und schon hatten beide gemeinsam den Korb ergriffen und liefen, die Laternen nur für ihren Weg gebrauchend, der Höhe zu. Aber hinter ihnen drein kam jetzt ebenso schnell ein mächtiger Schatten im weiten Laternenschein und stapfte, sie einzuholen. Ernst schrie leise: „Ni stihn bleiben! Wenn r' nahe kimmt, kriegt 'r a Ding." Und sie liefen noch hundert Meter, da konnten sie einen watenden Mann deutlich erkennen. Sie begannen zu zögern. Sie waren vor Aufregung ganz sinnlos geworden und wußten nicht gleich, was tun, wie nun der einsame Schein ihnen durch Nacht und Schnee immer näher kam. Aber sie waren auch gleich auf alles gefaßt und ganz unberechenbar. Ohne Übereinkunft waren sie stehen geblieben. Sie zogen sich die Bärte noch fester und machten sich klein. Sie lauerten nur, wie sich der einzelne Kerl immer unverschämter mit seiner Laterne näherte.

„Schlag zu, August!"

Er war kaum heran. – Ernst hatte ihm gleich einen Schlag versetzt, der ganz ins Unbestimmte ging, und die beiden

Jungen befanden sich längst schon wieder tief im Schnee watend – und schleppten und keuchten – und niemand war mehr hinter ihnen …

Im Tal raste noch immer tollster Aufruhr. Brandfinsternis lag an den Hängen. Kein Menschenruf, kein Licht, kein Stern – nur Schneewirbel und wilder Nachtsturm toste und brandete, und die beiden Alten im Häuschen waren aus ihren Träumen nicht aufgewacht. Der alte, müde, graue Arbeitsmann und die bleiche, stille, fromme Frau – beide fühlten nicht Schmerzen, nur den Wein in den Gliedern, der in ihnen in fernen Jugendfreuden umging. Und Pauline stand im Türrahmen und leuchtete in die Nacht, zitternd und bebend, weil sie im Sturm keine Ruhe gefunden – und der Hund fing zu winseln an. Sie streichelte ihn, weil sie jetzt wußte, daß die Jungen heimkamen. Sie hielt den Hund still, daß er sich demütig schmiegte und keinen Laut mehr von sich gab. Dann schlichen alle drei hinein ins Haus und über die Treppe, heimlich und bebend. – „Verflucht – das heeßt – aber – das war a Ding", flüsterte Ernst pfiffig, und August sah nur Pauline und sie ihn an – und sie fröstelte und klapperte mit den Zähnen, wie sie alle dreie in Paulinens Kammer schlichen. Pauline brannte heimlich. „Schaff 's ei dei Luch", sagte sie zu Ernst, als er den Korb bei ihr verstecken wollte. Ernst gehorchte – den Korb zu sich hinübertragend, sorgsam auf Zehen, weil August und er die Stiefeln vor der Haustür abgezogen. Und Pauline ließ ihren Rock fallen und fror und zitterte, wie August verliebt wie ein Tier sich nach ihr umsah, unterdessen er phlegmatisch seine Kleider an die Wand hing. Aber er ward hastig und aufgeregt, wie sie im Hemde in ihr Bett kroch. – Sie zitterte in wilder Ungeduld. Er warf alles vollends hin. – „Du hust's warm eim Bette" – sagte er nur, wie sie ihn unter die Decke nahm, wortlos, weil ihr die begehrliche Hast den Atem zum Sprechen erstickte. Das laute Schnarchen des Alten drang zwischen dem dumpfen, fernen Sturme nun nahe durch die Diele herauf.

„August – kumm ock – August –“ rief leise Ernst’s Stimme. Dann noch einmal wütend – „August!“ dann gleichgültig, wie für sich: „ha, ha! nu – ’s is a su au gut! –“ Damit verkroch sich auch Ernst wie ein Hund in sein knackendes Strohlager, und die Bradlerhütte lag stumm und in Träumen.

# Einfältige

Frau Oswald war im Grunde der Seele eine lustige und rüstige Frau, so verwittert und mager und bleich ihre Züge auch waren, und so klein und schlotterig sie meistens ging, wenn sie aus dem engen spinnenwebigen Stalle die Karre dampfenden Düngers vor die Tür ihrer Hütte schob.

Wenn Hermine, ihre Tochter, mit der Mistgabel dabeistand, auch nicht gerade im Sonntagsstaat, auch zerzaust und verwahrlost ums dunkle, dünne Haar, in einer bunten Bluse, die oben keinen Knopf und unten keinen Gurt mehr hatte, um festzuziehen, auch mit dünnen Armen, die besudelt waren, und mit runden Beinen, die bis an die Knöchel in der Pfütze standen, – wenn so diese frische, junge Schlumpe mit der Mistgabel dabeistand, um dann den Dünger auszubreiten und den mächtigen Haufen vor der Tür ein wenig zu sichten und zu verstreichen, dann gab es immer nur ein redseliges Geplauder zwischen Mutter und Tochter, ein Kichern und Lachen, und auch eine Mahnung der Mutter klang nicht anders, als wenn sie das nachlässige, lose Ding von Tochter immer nur eitel heimlich streichelte.

Aber wenn der Vater daheim war, blieb es im Hause ganz still, einmal weil der Mann dann nach Feierabend noch gar mit der schweren Karre Holzasche den weiten Heimweg von dem Hüttenwerk den Berg hinan zurückgelegt: jeden Abend immer mit derselben Mühsal und demselben nie versagenden Fleiße, wobei ihm Frau oder die Tochter auch noch ein Stück entgegengekommen waren, um ihm die letzte Höhe emporzuhelfen. Dann aber, weil er ein ängstlicher, vorwurfsvoller

Sinnierer war, der sich in seiner Tagearbeit tausend Gedanken über sein kleines Leben gemacht, die noch heimlich in ihm um- und, wenn auch nur aus Blick und Gebärden, ausgingen, daß Mutter und Tochter wie in einer engen Luft atmen mußten, wenn er daheim war.

Oswald saß dann den Abend in der kleinen, niedrigen Stube beim Lampenschein und las am Tische einen Zeitungsfetzen oder auch in einem alten Buche und sah sich dann und wann wie mit einer Idee in Blick und Haltung um, oder er ging und half im Stalle, Wasser tragen, und blieb dann plötzlich stehen und besah etwas fragend. Dann war in Mutter und Tochter nur rege Hantierung, und man hörte im Hause das Rauschen des Bergrinnsals in die hohle Kanne draußen, oder hörte das Rascheln der Streu, die Hermine, bis ins Haar darin vergraben, in ihre weiten Arme griff und hineinstob, wobei ganze Büschel in der verrissenen Tür hängenblieben, wenn sie im Stalle verschwunden war.

Oswald war nur ein gewöhnlicher Arbeitsmann. Er hatte bei Frau Oswald im Quartier gelegen, als ihr erster Mann gestorben war. Dann hatte er die Witwe mit dem kleinen Kinde und dem Häuschen geheiratet und war so der älteren Frau Mann und Hermines Vater geworden. Übrigens achtete Frau Oswald den Mann auch heute noch, weil er arbeitete und sparte, und weil sie besser als mit dem ersten Manne in ihrer Wirtschaft zurecht gekommen war – obwohl es heimlich nicht immer ohne Widerstreit abging, seitdem Hermine flügge geworden war und allerlei Dinge tat, die dem Sonderling in seinem strengen Sinne so recht aus Herzensgrunde zuwider waren.

Hermine war nicht besonders hübsch, sie hatte schon im Blick eine nachlässige Weichheit, obzwar ihre Augen dunkel waren und ihre Brauen voll. Aber vor allem ihr Mund war immer halb offen und die Lippen so lose und nachlässig, daß ihrer Stimme Ton sich albern hinzog, und ihre Sprache nachlässig und leichtfertig klang. Aber der Mutter gefiel sie. Die kleine, dürftige, sehnige, runzlige Mutter fand Gefallen an der frischen Gestalt, die voll geworden schon mit ihren Sechzehn, und an dem heiteren Lachen dieser dunklen Augen, die Feuer hatten, ganz anders noch als einstmals ihre. Auch an der tollen, frohen Art, womit sie Zumutungen parierte, wenn einmal jemand von den Maurerjungen sie um die Hüften greifen oder sie necken wollte. Denn dann konnte man es hören, was dem strenggearteten, arbeitsgebeugten Manne daheim so recht wider alles Gefühl ging, weil er sich ein Mädchen dieser Jahre nun einmal ganz anders sittsam und ideal vorstellte.

Übrigens kam die Erregung, die Oswald zuerst eine Zeit heimlich durchgemacht, manchmal auch schon offen zum Ausbruch. Eines Tages war er aus der Glashütte heimgekommen, gleich mit ganz anderen Augen und Mienen als sonst. Die Leute, die mit ihm unten aus dem Hüttenplan die Wurzelstöcke klein schlugen, hatten ihm lachend erzählt, daß Hermine gar nicht so wäre, wie sie immer täte, und daß sie sich nicht scheute, sich mit allerhand jungen Kerlen herumzuwischen, wenn Heimlichkeit und Gelegenheit es böten.

„Eine Richtige“, hatte er gleich gedacht. Und wenn er heimkam, nahm er Mutter und Tochter wirklich feierlich vor. Feierlich, ganz wie ein Klarer und Ernster. Wenn ihn etwas im Blute traf, da gab es kein Lachen und kein heimliches Höhnischtun des Mädchens über des ärmlichen Stiefvaters Würde. Er riß sie an der Hand in die Stube und sah sie an, daß sie bald wie in einer Klammer saß, und rief die Mutter mit fester Stimme. Auch die Mutter gab dann klein bei und erschien vor dem Richterstuhle, und mußte die strengen Mahnungen nehmen, wie sie kamen.

Es war sozusagen das erstemal, daß Oswald so seine ganze

Würde entfalten konnte. Hermine hörte, wohin ihr Wandel führt. „Du bist anständiger Leute Kind“, sagte der Vater, „wenn ich auch nicht dein Vater bin, dein Hüter bin ich, von Gott eingesetzt; überleg dir deine Wege.“

Hermine merkte schließlich, daß ein Kummer in den Worten vibrierte, denn Oswald hatte eine weiche Seele und hatte dabei fast wie Schwermut im Blick. Das machte auch auf die Mutter Eindruck, daß die kleine, lustige Frau, die zuerst die Sache leicht genommen hatte, schließlich nasse Augen bekam.

„Dein Hüter bin ich“, hatte der Vater noch einmal gesagt, „so lange du in deiner Eltern Schutz und Sitte bist.“ Dieser Satz bewegte die Mutter ganz besonders. Zuerst hatte sie gesagt: „Mach dich nur nicht erst lächerlich, Jugend hat niemals Tugend, was soll sie denn gebräut haben?“ Sie suchte Hermine immer die Wege zu legen. Aber zum Schluß wiederholte sie es nun auch, daß der Vater der Hüter wäre, und fühlte gewichtig, daß etwas vorging.

Wie solche Auftritte bald nichts seltenes mehr waren, hatte Hermine eines Tages den Entschluß gefaßt, sich in die Stadt zu vermieten, weil sie, wie sie der Mutter behauptete, die Behandlung des Stiefvaters nicht mehr ertragen konnte.

Das war eines Ostern gewesen, wo ihr Oswald ein paar Ohrfeigen gegeben, mitten in ihr freches Lügen hinein, wo sie, statt dem Bäcker zu zahlen, sich von dem Gelde einen seidenen Lumpen um die Haare gekauft und dann den Rest auf einem Tanzboden mit einem älteren Glasträgerjungen verlüdert hatte. Damals hatte sie, auf die schmutzige Bodendiele hingeworfen, über blühenden Krokus, den sie mit der schwarzen, feuchten Frühlingserde sich in einem Blumentopfe vor ihre Kammerluke gestellt hatte, zum ersten Male in großer Rührung und Entrüstung geweint. Denn im Grunde hatte sie auch allerlei Schwärmerei und Poesie.

Wogende Nebel schwammen in dem Bergtale und die Sonne konnte nicht durchblitzen, obwohl ein klarer Märzmorgen war, und die triefend tauige Wintererde Sonne und Leben erwartete.

Oben am Hange lag Oswalds kleines Anwesen inmitten der braungelben Winterwiese, und Hermine im Staate, wie sie die verliebte Mutter neu für die Stadt hergerichtet, stand noch im Türrahmen und weinte. Eben hatte Oswald selber den blumigen Kasten auf seine Radwer gehoben und legte die Gurte über die Schulter, um loszuziehen. Er hatte seinen Sonntagsrock angetan, und sein Gesichtsausdruck verriet, daß ein seltener Augenblick für sie alle plötzlich gekommen war.

Frau Oswald kam jetzt auf die Hausschwelle, auch im Festkleide und mit einem Umschlagtuch aus alter Bauernzeit, hatte ihr Tüchel in der Faust geballt und wischte sich aufdringlich Augen und Nase und redete einige Worte der Erinnerung an dies und jenes mit leiser, fast zarter Stimme, als wenn es einem Toten im Hause gälte, den man nicht erwekken wollte. Es war eine ganz eigentümliche Sanftheit in allen. Daß Hermine trotz der Tränen, die ihr auf den seidenen Bluseneinsatz rannen, ihre Rührung nicht zurückhielt, und Mutter und Tochter, als der Vater dann endlich anzog, gar in lautes Schluchzen ausbrachen, sich in die Arme sanken und, ineinander gehalten, so lange standen und sich noch einmal geberdeten. Der Vater hatte angezogen und nicht wieder Halt gemacht. Die kleine, rege Oswald hatte im Grunde der Seele jetzt eine Wut gegen den Vater, jetzt, wo es wahr wurde, daß Hermine es nicht aushielt und die Fremde lieber als die Heimat nahm, empfand sie mit der Tochter und ließ den Mann wie im Trotze ruhig vorausfahren, um dann in einiger Entfernung erst mit der weinenden Tochter dem polternden Kasten auf der Radwer und dem sonntäglichen Ernst Oswalds nachzuschreiten.

„Und das sage ich dir, Hermine, Heimat ist Heimat", sagte sie, wie sie sie endlich aus der Umarmung gelassen hatte, und sich von neuem resolut um Augen und Nase fuhr, mit einem strengen Blick nach der Seite, wo Vater schon die Karre mühsam den steinigen Abhang hinunter dirigierte und drehte. „Heimat ist Heimat", sagte sie wieder. „Das Haus ist unser, nicht dessen", sagte sie stoßweise, „und in das Haus kannst du jederzeit heimkehren und niemand soll dich hindern", sagte sie, wieder wehmütig werdend. „Das Haus ist deines Vaters Haus gewesen, und du hast ein größeres Anrecht als er. Das sollte er sich immer sagen, der Mann!" weinte sie.

„Ach, Mutter, laß nur das alles jetzt", schluchzte Hermine noch immer für sich, „und vergiß mich nicht, Mutter" – dabei brachen die Tränen immer von neuem aus, und sie hing sich wieder in die Alte, ihre Schritte hemmend – und sich aufdringlich anklagend: „Jetzt muß ich doch fort, nun muß ich doch fort! Ach, Mutter, wer weiß, wie's wird", rief sie kläglich und gemacht, „nun muß ich doch fort."

„Komm endlich", rief der Vater von tiefer unten mit Strenge.

Die Frauen ließen sich sofort los und gingen nun vorwärts nebeneinander und hatten gleich auch beim ersten Rufen die Tränen gestillt und schritten wie im Vorwurf.

Aber Oswald war an dem Tage durchaus nicht der Sanfte. Was ihn ernst machte, war einstweilen noch nicht Frieden, den er für die Tochter und die Mutter in sich trug. Er hatte die letzten Tage der Vorbereitungen nur geschwiegen, weil er den Strom der stillen Empörung der Mutter nicht vorzeitig entfesseln wollte. Aber dazu war er ein zu strenger und getragener Mann, als daß er diese üppige Pflanze von Tochter nur so wie im Liebesrausche fortgelassen. So versuchte er denn seine Schritte immer mehr und mehr zu verlangsamen, um den beiden Frauen näher und näher zu kommen. Hermine merkte die Absicht. Sie hielt die Mutter ein paarmal wie unabsichtlich zurück. Aber der Vater mahnte von neuem. „Kommt nur endlich heran“, sagte er mit strenger Stimme. Da war es auch der Mutter jetzt ganz recht, daß er und sie noch einmal deutlich miteinander redeten, ehe Hermine mit dem Zuge im Tale davonfuhr. So waren sie eilfertig herangegangen und nun liefen sie die Chaussee vorwärts, alle drei lange in großer Stummheit. Bis die Mutter noch einmal ihre Verheißung der Tochter zu sagen wagte: „Wenn dir's nicht gefällt, kommst du einfach heim“, sagte sie mit ganzem Nachdruck.

Oswald sah die Mutter mit strengem Blick von der Seite an, aber er ließ auch das hingehen, und sie gingen wieder eine Strecke, Hermine vor sich hinblickend mit verweinten Augen, und die Oswalden dann und wann eine Träne zerdrükkend; unterdessen die schwere Karre Oswald am ganzen Leibe erzittern machte, wenn der Weg uneben und ausgewaschen war. Aber dann redete Oswald selber aus seinem feierlichen Ernste, der beide Frauen längst stumm gemacht und ihnen alles Weinerliche jetzt noch vollends fortnahm. Denn der Mann, ob er gleich nur mit dem Gurt über der Schulter die Karre schob, trug es in der Seele und rang nach dem Guten immer und auf allen Wegen. Seine Stimme klang so still und versunken, daß auch aus Frau Oswald alles Wünschen um Widerpart und Aussprache fortgeschwunden, und sie beide sehr ernst auf jedes Wort spannten, das aus dem Munde des Mannes kam wie eine sanfte Predigt.

„Der Weg ist steinig, aller Weg ist steinig“, sagte er zuerst wie zufällig. „Du mußt aber auch auf dem steinigen Wege immer mit sicheren Schritten gehen.“ Er hatte eine Pause gemacht. Aber er sprach dann doch weiter: „Die Stadt ist überall Glatteis, du kannst da leicht fallen“, sagte er streng. „Sieh, daß du dort nicht schlimmer wirst, wie du hier warst. Höre nicht auf die Stimmen, die bloß das Junge in dir sehen! Jung ist jeder einmal; jeder Verbrecher und jedes Frauenzimmer, jung waren sie alle; das ist nicht genug", sagte er vorwurfsvoll. „Wenn du auch eine frische Haut hast, die runzelige Haut eines Jämmerlichen, der ehrlich ist, ist besser als die feine, weiche Haut eines Frechen, der nur Untat und Lug tut. Du hast alles in dir. Schaffe den Lug und die Sucht aus dir! Die Mutter sieht das nicht. Die ist blind. Die gafft dich an. Die ist zufrieden, daß du schmuck aussiehst. Aber ich dulde die Fäule nicht. Deshalb ist gut, daß du gehst", wollte er schon seine Rede schließen, als ihm der Mutter letzte Worte einfielen. „Und was sagte die Mutter? Wenn's dir nicht gefällt, was? –: nicht gefällt?" Auch jetzt sah die Mutter den Vater nur mit einigem Erstaunen an, wie er, der sonst stumm, reden konnte. „Gefallen, das ist gar nichts. Mir wie dir wird noch manches nicht gefallen. Aber es muß dir gefallen, wenn du unter ordentlichen Menschen Arbeit findest. Ich bin nicht zum Gefallen, du bist auch nicht zum Gefallen. Komm nicht wieder, wenn dir's nicht gefällt, das sage ich dir." Frau Oswald wollte jetzt doch ein Wort hinzugeben. „Komm nicht wieder, wenn du mit Unehre kommst", hob Oswald noch mehr seine Stimme. „Die Mutter hat dich immer irregeführt. So ist es an mir, daß ich dir sage, was dich wieder gerade richtet. Du meinst, daß alles so geht, wie heimlich mit der Mutter, die über alles ihren Mantel hält. Draußen sind keine verliebten Mütter weiter", sagte er mit gewichtigem Tone, „die Leute packen dich, wenn du nicht gut tust. Tue gut!"

Hermine begann von neuem loszuschluchzen, daß Vorübergehende in der Nähe des Bahnhofes aufmerksam auf die drei zurücksahen, die, nun die Frühlingspfützen am Bahnhof überschreitend, noch ganz mit sich und dem Abschied beschäftigt waren.

Oswald redete nicht weiter. Er hatte sein Blut erleichtert,

und Hermine weinte. Die Mutter weinte, als sie Hermine noch ein Päckchen mit Eßwaren in die Hand gab.

„Tue gut und sei fleißig", sagte sie auch, wie es der Vater gesagt hatte, und Hermine sagte demütig zum Vater: „Ich werde nicht mit Unehre kommen, Vater; ich will alles wieder gut machen, Vater", daß Oswald sie um den Hals genommen und sie geküßt hatte, wie es Vornehme tun.

So fuhr sie hinaus, das Tuch zärtlich aus dem Fenster schwenkend, während die Oswalds noch neben ihrer Karre lange standen und sich nur langsam und melancholisch endlich wegrührten zum Heimweg.

Es war stille und friedlich in Oswalds Häuschen zugegangen lange Zeit, aber die beiden Leute waren merkwürdig gealtert, seit Hermine in der Fremde war. Frau Oswald schien ordentlich ein wenig eingesunken und krummer, daß es auch die grobe Nachbarsfrau merkte, die ihr dann über den Zaun rief: „Du fährst ja gar ins Erdreich, was ist dir denn?" Gar nichts war ihr im Grunde. Arbeit gab es genug. Es gab nicht viel Überlegen, wie es kommt, daß eines alt wird. Sie mußte jetzt alle Arbeit allein in Kuhstall und Felde tun, wo sonst vier Hände nicht Zeit und Ruhe fanden. – Aber das Häuschen sah gut und reinlich aus, wie vorher.

Oswald, der ohnehin nur immer sprach, wenn wirklich ein gehöriger Anlaß es ihm aus der Seele preßte, redete jetzt gar nicht, daheim nicht und in der Arbeit nicht, trottete müde und stumpf dahin und war nicht recht aufzuwecken.

Aber Hermine hatte in der Zeit mehrere Male geschrieben. Da war es immer ein wenig heiterer zugegangen. Frau Oswald bekam so etwas von Wichtigkeit – dann, wenn sie mit dem Briefe zu der alten Nachbars-Großmutter ins Zimmer trat, und Oswald auch, wenn er den kleinen Bogen im Windwehen draußen auf dem Holzplan der Glashütte in einer Arbeitspause vor den drei, vier Graubärten entfaltet hatte, die dort mit ihm gemeinsam die Wurzelstöcke spalteten und hochschichteten.

Heute war gar einmal wieder eine ganze Frische in Frau Oswald gefahren, heute, am Morgen – gerade wie sie die Kartoffelschalen für ihr kleines Schwein im Hausflur stampfte, die Ärmel aufgestreift, und vor sich hin in die Arbeit allerlei Geschautes und dann Abgewehrtes, wie jemand, der eine Fliege wegschlägt, plaudernd – kamen Tritte um das kleine Gebäude, und die Frau hatte mit offenem Munde ihre Arbeit stehen und liegen lassen, so erschrocken war sie zuerst, als der Briefträger ihr gar Geld gebracht. Das war ihr, weiß Gott, noch nicht vorgekommen, daß ihr jemand so aus heiterem Himmel zehn Mark auf den Tisch warf. Zuerst war sie auch gar nicht darauf gekommen, woher es wohl sein könnte. Sie stand ganz erstaunt und verlegen und sah hin und sah her, ehe sie auf die Order des Boten auch Feder und Tinte brachte und ihren Namen krackelnd unterschrieb. „Ja, mein Gott, für mich?"; sagte sie noch immer erstaunt, als der Briefträger das Geldstück reinlich hingelegt und dann schließlich gelacht hatte: „Nun, wenn Sie es nicht wollen, nehme ich es gern wieder", hatte er dazu gesagt, daß jetzt auch Frau Oswald ihre alte Laune bekam, aufkreischte und es aufnahm und dann kaum noch hören brauchte, daß es von Hermine käme, was ihr der Geldbote noch von dem Postabschnitt erklärte. „Nein, dieses Mädel", sagte sie befriedigt und stolz, „zehn Mark kann sie schicken und denkt an uns."

Es kam an diesem Tage eine Seligkeit in die Frau, die sie wie ruhelos umtrieb. „Die hat's recht gemacht", sagte sie, als sie zur Nachbars-Großmutter, die lahme Beine und blöde Augen hatte, laut und lachend eintrat. „Die hat's recht gemacht, daß sie unter die Leute ging." Und sie zeigte das Goldstück und fühlte sich und nahm dann auch noch den Brief aus der Rocktasche, umständlich und sorglich ihn entfaltend, wie es der Gerichtsbote tut, um umständlich so einiges zu sagen, daß nun Hermine ihren ersten und zweiten Dienst quittiert, weil sie anfänglich zu unberaten gewesen und nicht recht gewußt hätte, und daß sie jetzt als Verkäuferin in einem kleinen Schokoladengeschäft eine sehr gute Anstellung gefunden hätte. Das war ganz nach der Mutter Sinne. Sie müßte auf gute Toilette sehen, so stand es auch in dem Briefe. „Als Schlumpe 'rumlaufen, wie im Küchendienst, das wäre dabei nicht Mode.“ Diesen Satz las und wiederholte die Mutter viele Male, jedem, der ihn hören wollte. Toilette, das Wort machte dabei einen ganz besonders wohltuenden Eindruck, so eine Anwandlung jedesmal, wenn sie es aussprach, als wenn sie auch schon etwas wie einen seidenen Rock um die Füße hätte und eine weiße Haube, wie eine feine Verkäuferin.

Noch an demselben Morgen lief sie zum Fleischer und erwartete nur Oswald mit heimlicher Spannung. Hin zu ihm lief sie nicht. Sie eilte heim und bereitete alles für den Feierabend vor, daß er dann recht spüren sollte, was ihre Tochter für eine besonderen Schlages wäre und gar seiner Feierlichkeit und ihrer Mutterliebe würdig.

Auch wie sie ihn dann abends am Fuße der Anhöhe erwartete, den Gurt in der Hand, bis er die Dorfstraße herangekommen, schon von ferne das Quieken seiner Radwer hören lassend, unterdrückte sie die Fröhlichkeit ihres Herzens lange noch – und auch lange noch, als sie vorgespannt aufwärts zog, und er müde hinterdrein schob: bis er über die Schwelle im Haus war. Da aber merkte er auch gleich, daß die Luft voller Bratendunst lag und der Mutter Geist voller Frohsinn.

„Sieh einmal“, sagte sie nur, als wenn sie ihm Liebe statt Gold hinhielt, „nein, sieh einmal“, sagte sie noch einmal, wie er das Goldstück in den Händen drehte und sich umsah und lachte. „Nun, und sieh einmal“, sagte sie noch stolzer, als sie ihm jetzt auch den Brief aus der Sacktasche kramte, aus Fingerhut und Zwirnknäueln und Messer und Schlüsseln und allerhand Kramzeug – und der erstaunte, staubige Arbeitsmann, dessen Gesicht voll Schweiß und Schmutz hing, noch immer kein Wort gesprochen, nur gelacht hatte, und dann wieder ganz stumm geworden war und sich in die Zeichen des Briefes umständlich vergraben hatte.

„Also – aber –" dachte er dann und sah die Frau an, die schon am Röhr die Pfanne übers Feuer zog.

„Ja, ja", sagte sie; „das hat das Mädel, weiß Gott, klug gemacht", sagte sie.

„Also das ist von Hermine", lachte der Mann und las es noch einmal. Und dann kam in beide eine richtige Festfreude, daß die Frau in ihren Bewegungen wie jung schien, als sie die kreischende Pfanne auf den Tisch trug, und Oswald wie ein ewiges Gelächter nicht unterdrücken konnte.

„Ich sagte es ja immer", dehnte er seine langsame Rede, als er sich einen Schemel zu Tische schob – „nun, ja, also – wenn sie gar schon Geld schickt", meinte er fröhlich und versinnlich: „nein, aber und sich dankbar erweist –" stotterte er fort. „Die wird noch eine Verdienerin", sagte die Mutter geschäftig dazu. „Ich habe dir heute einmal ein Stück Gebratenes gemacht", sagte sie dann wie nebenbei, auch auf diesen Entschluß nicht wenig stolz, obwohl sie jetzt ganz gleichgültig tat und es nur so obenhin behandelte. Dann setzten sie sich beide mit einer völligen Aufregung in Herminens Erfolg und in die Feier, die vom Bratenduft ausging. Und während der Mann mit dem Taschenmesser Stück um Stück Gebratenes zusammen mit dem Brotkeil aufmerksam spickte und hinunterschmeckte und tüchtig zermalmte – der Mutter genügte es, die Feier zu bereiten, und nur ein bißchen nebenher einmal wie zum Scheine mitzunehmen, denn sie mochte das Fleisch gar nicht – besannen und bedachten sie sich die Sache lang und breit, malten sich aus, wie schmuck das Mädel aussehen müßte so hinter einem reinlichen Ladentisch stehend, immer „in guter Toilette“ gar, wie die Mutter nun schon zum zehntenmal erwähnte – „abwiegend und einstreichend, und immer zutunlich und freundlich, wie sie im Gemüte nun einmal ist“, wobei die Mutter sogar die Versicherung gegen den Vater nicht scheute, daß das dem Mädel der Neid doch lassen müßte. „Im roten Kattunkleid, mit ’ner weißen Haube“, dachte sie sich Oswald nach einem Plakate, wie es unten im Krämerladen für jedermann zu sehen war. Das war ein Hin- und Hererwägen und Preisen, daß auch Oswald alles zu vergessen schien, was er früher von der Jungen Schlimmes und Sorgliches gedacht hatte.

„Ein Ansehen hat sie doch einmal“, sagte er gewichtig, „das hilft dem Menschen auch; man kann’s niemand verdenken, wenn er eine Hübsche hinter den Tisch stellt“, meinte er jetzt mit einem Anflug von Galanterie. „Und ein schlankes, stattliches Ding ist sie doch“, sagte er fast pfiffig, „noch gar, wenn sie ihre Feueraugen aufmacht.“ Er war an dem Abend ordentlich zärtlich auch zur Oswalden, deren Tochter doch schließlich Hermine war. „Ich hab’ es ja immer gesagt“, so weit brachte ihn dann der Braten in geräuschvollen Versicherungen, „daß das Mädel ihren Weg machen würde, denn das Zeug hat sie dazu.“ –

„Na“, sagte die Mutter höchst zufrieden, wie er so zur Besinnung kam, „dumm! wer die für dumm kauft! Na na!“ sagte Frau Oswald noch einmal lachend. Und sie saßen noch lange in dem berauschenden Eßdunst der niedrigen Stube und hatten beide die wundersamste Vision von einer feinen Verkäuferin, die um sie im kleinen Dämmerraume schwebte, so daß sie auch noch, wie sie im Bette im Dunkeln zusammen lagen, an nichts dachten wie an Hermine.

Hermine hatte sich unterdessen in der Stadt ausgefunden. Der erste Dienst bei kleinen Bäckersleuten, das hatte ihr gleich nicht lange gepaßt, das unregelmäßige Leben nicht, und die dreisten halbwüchsigen Jungen, die in allen dunkeln Winkeln, in der Backofenkomurke und im Hausflur bei Nacht herumstanden und sie ärgerten und neckten, erst recht nicht. Und außerdem hatte sie gleich im Anfang eine Freundin gefunden, die das städtische Leben gut kannte und sie in ihren ersten Schritten geleitet hatte. „Ick mache mir 'n Dreck aus det Jerede", hatte die sicher gesagt, „und versuche, bis et *mir* paßt. Genug Arme greifen hier nach einem." Davon hatte sich auch Hermine bald überzeugen können, daß genug Arme nach einer griffen, noch dazu, wenn sie aus dem Schutze eines stillen, ländlichen Anwesens hoch oben in freier, einsamer Bergluft, noch frisch von der brüllenden Kuh und der meckernden Ziege kam – jung und gesund und im Grunde unverbraucht – auch aus dem Schutze des großen Lindenbaums, der über dem Hausgiebel ragte, erfüllt von Bienensang und Spechtlachen – jetzt freilich unbehütet von den rechtlichen, sorglichen Eltern, die noch immer daheim nichts kannten, als mühsam ihr sparsames tägliches Brot zusammenzubringen und nicht weiter aufzublicken jahraus, jahrein.

In der Stadt hatten Arme genug gegriffen, jedesmal, wie sie gemeinsam mit Emilie, dieser jungen zierlichen Masurin, auf dem Vermietungssaal gestanden, gewartet, beobachtet und gelacht hatte über alle die alten Hutzeln von Weibern, die den Mädchenmarkt besahen, manche mit Taschen am Arme, mit innerlichem Erwägen einem jeden jungen Dinge dreist ins Gesicht blickend, und am Leibe herum blickend und krittelnd, ob die Arme drall und die Bewegungen schlank und geschickt wären, wer weiß zu was nicht alles? Auch Vornehme kamen, sahen und suchten. Nicht anders wie auf einem Viehmarkt, hatte Hermine jedesmal gedacht. Auch Männer kamen, die sich nicht scheuten, die lebendige Mädchenware genau zu beäugen und deren Betrachtungen nicht immer nur von Geschäften und Arbeit gesprochen, die spitz und frech immer wieder zu den Jungen gesehen und verfängliche Blicke ihnen noch nachgeschickt hatten, wenn sie schon bei anderen standen, und dort taten, als läsen sie in den Dienstbüchern, um sich von der Güte und Tugend eines Lebenslaufes zu vergewissern.

Hermine und Emilie waren da wirklich eine Zeit am Platze gewesen. Sie hatten sich fein gemacht wie zur Kirmes im Dorfe, hatten sich untergefaßt gehalten und waren auch zur Tollheit nicht faul gewesen, wenn's einer mit ihnen versuchen gewollt. Und Hermine hatte jetzt schon den dritten Dienst aufgegeben, weil der jungen Postsekretärsfrau ihre Arbeit nicht genug reinlich war. So kam es, daß sie jetzt zum dritten Male auf dem Mädchenmarkte sich ausbot, um Lohn zu dienen. Aber diesmal stand sie schon wieder allein. Und sie stand jetzt in großer Würde. Das Jahr Stadtleben hatte sie in Schliff und Manieren noch vollends hineingebracht. Sie sah schmuck aus. Sie war schlank, und das kurze Jäckchen, das sie trug, lag fest um ihre junge Fülle, ihre Augen sahen sehr züchtig aus. Sie erschien so recht, wie wenn sie daheim einstmals vor ihrem Krokustopf an der Kammerluke am Boden hockte, wenn sie eine Schwärmerei angewandelt. An dem Tage war gerade ein Vaterbrief gekommen, mit Güte und Mahnungen. Das lag jetzt alles wie neu erwacht in dieser längst nicht mehr ländlichen Jungen. Es kam zurück, wie von ferne, nun sie ein Heimatston angerührt. Deshalb g e w a n n ihre Erscheinung vor den vielen anderen Jungen, die neben ihr auf der schmutzigen Diele herumstanden, so daß ein kleiner Kaufmann, der sich lange umgesehen, sie angesprochen und dann mit ihr wegen des Postens einer Verkäuferin einig geworden war. Aussehen hatte sie. –

Aber auch das war längst vorüber, dieser Glanz einer Ladnerin, der in die Heimat gefallen und einen mächtigen Bratendunst vor den Alten aufgeweckt hatte, mit allerlei sonstigen lockenden Träumen.

Jetzt war Hermine schon in einer ganz anderen Atmosphäre. Jetzt, wo sie ins vierte Jahr ihres Stadtlebens kam, begann sie auch die Arme zu kennen, die allenthalben griffen, auch wenn sie nicht auf dem Mädchenmarkt sich ausbot, die sie zupften mit heimlichen Winken, die sie begehrten in Straßen und auf Treppen – oder wo sie immer gehen oder stehen mochte und ein heimlicher Winkel war, daß ein gierig greifendes Verlangen aus einem Erhitzten sich vorwagen und lokken konnte.

Auch das hatte Hermine bald gar nichts mehr gemacht. Jetzt lachte sie nur. Die Freundin, die kleine, pfiffige Emilie, war längst aus dem Gesichtskreis. Hermine war jetzt wie sie. Die Namen der Leute, wo sie vorher gedient, wenn sie nicht im Dienstbuche noch zu lesen gewesen, hätte sie vergessen gehabt. Sie hatte sich mit großer Gelassenheit feilgeboten, sobald sie die Ladnerinstelle verlassen mußte. Daß ihr Sinn zu zerfahren gewesen, um Rechnungsdienste zu betreiben, wie sie es in der Schokoladenkrämerei übernommen hatte, das machte ihr nichts weiter. Daran dachte sie nicht. Übrigens war sie anstellig und geschickt und zutunlich zu den Kunden gewesen und hatte sich mit dunkeln Blicken und eitlen Posen beim Herabreichen und beim Suchen eines passenden Umschlages den Käufern schon zu empfehlen gewußt. Das wäre es also nicht gewesen. Wenn nicht schließlich der Chef des Ladens Bedenken um die Rechtlichkeit der Rechnungslegung gehegt und hinter kleine Näschereien und Unredlichkeiten gekommen wäre, Gewissenlosigkeit beim Abwägen, wenn zufällig ein Kunde mit ihr Blicke gewechselt und um sie scharmiert hatte. Der Chef hatte die Dinge nicht weiter verfolgen wollen. „Ich will Sie nicht unglücklich machen, die Sache ist ja auch noch nicht klar“, hatte er gesagt, „aber für ein Geschäft, wo einer allein Verantwortliches treiben soll, sind Sie zu jung, und ich muß mich nach einer anderen umsehen, die besser zu diesem Geschäft paßt.“ „Nun gut also“, hatte Hermine gedacht.

So hatte sie wieder gestanden und hatte sich nicht weiter besonnen, sich als Kellnerin in einer kleinen Restauration einzufinden, wo sie jetzt längst herumscharwenzte, und wo Studenten und Bauleute mit ihr ebenso dreist verkehrten, wie ehedem die Bäckerschlingel in ihren dunkeln Backofenhöhlen es versuchten, nur daß sie jetzt weniger dagegen einwendete, wenn es gute Trinkgelder gab und ein bißchen Getue wie zwischen Liebesleuten obenein. Das war Hermine, die ländliche, lose Junge, die jetzt ihren offenen Lippenrand zum eitlen Schmollen ewig verzog, wenn sie wippend und lachend einem Studentenkreise Bier in vollen Händen herzutrug, am Gürtel die Geldtasche über dem breiten, weißen Schürzenzeuge und das Kleid um Hals und Nacken frei und offen, daß sich die Blicke der Männer darin verfangen konnten. Und ihre dunklen Haarsträhne lockten manchen tollen Bruder, sie daran zu zupfen und sie um zu greifen um ihren drallgeschnürten und hochgehobenen jungen Busen.

Wenn jetzt der alte, sanftmütig und ängstlich vor sich blickende, einsame Stiefvater mit seiner Karre Holzasche hier herein gekommen wäre, statt in sein kleines einsames Balkenhäuschen oben am Hange, wo die runzelige Oswalden bei einem Lichtstumpf auf der Ofenbank gerade ein Hemd wusch, er hätte vor dieser Dame in Weiß nicht gewußt, ob er in ängstlicher Devotion seinen Diener machen oder gar wie vor einem Teufel in Weibsgestalt davoneilen und fliehen gemußt. Aber daß es Herminen wäre, das wäre ihm nicht im Traume eingefallen und das hätte er sich auch sicher niemals vorreden lassen.

Rechlich waren die Oswald-Leute. Den Zins ihrer kleinen Hausschuld trugen sie redlich ab, wenn der Juli kam, und was sie im Konsumverein an Monatsschulden machten, brachte Oswald immer am Ersten persönlich bezahlen. Es ging sogar aufwärts mit ihnen, seit auch Hermine noch dann und wann hinzugetan. Es wäre auch alles weiter schön und gut gewesen, wenn nicht Frau Oswald allmählich doch Bedenken gekommen wären. Die an sich lustige Frau vertrieb sie sich. Sie redete sich heimlich allerhand Vertrauen ein, sie nahm es aus den Illusionen, die sie in der Trennung von dem tollen Mädel genug aufgehäuft hatte, aus den mancherlei Goldstücken, die in den Jahren immer wieder noch kamen, aus manchem fröhlichen Bratendunst, der dann im Blute die Zutraulichkeiten und Hoffnungen mächtig fett gemacht. Auch weil Oswald so ganz und gar aus seinem Frieden nicht zu bringen war. Bis es denn doch der Mutter einmal zu arg wurde, wie sie hörte, daß Hermine schon wieder ihren Dienst gewechselt und die von ihr so gepriesene Ladenstelle plötzlich aufgegeben hatte. Der Brief hatte sie wirklich unerwartet wie ein Schlag getroffen, und sie hatte nun gar nicht vor dem Manne zurückgehalten.

„Was heißt denn das? Lies“, sagte sie, wie er müde wie ein lahmer Hund hereinzog, ein Bein langsam hinter dem andern, daß er zu jedem Schritt einen Entschluß brauchte.

Oswald begriff es anfangs gar nicht.

„Den Dienst hat sie gewechselt? – ja, warum denn?“ fragte Oswald schwerfällig.

„Ja, warum denn? Frag sie einmal“, sagte die Oswalden zornig. „Weiß man’s? Kann man’s herauslesen – das wird sie nicht sagen, wenn’s nichts Gutes ist“, gab sie lebhafter zu.

„Sagt sie das nicht?“ fragte der Mann gelassen und gläubig. „Nein, Jesus, da lies doch!“ – sagte die Alte hastig, hatte ihm aber auch schon den Brief wieder aus der Hand gerissen, ohne ihn selber in der Lebhaftigkeit ihrer Rede groß mehr wie hin und her zu schwenken. „Eben das ist die Sache. Das muß man wissen, und das sagt sie nicht. Ich hab' mir schon so was gedacht“, schrie sie. Aber der Mann griff jetzt doch danach und las und las und kam noch immer nicht ins Bild, das der Oswalden ganz klar vor Augen stand.

„Ich hab mir's immer gedacht, daß es dem Frauenzimmer zu gut ging“, gab sie zornig hinaus.

„Ja, aber“, sagte der Vater ganz harmlos, „wenn ihr der Dienst zu schwer war, oder sie sich verbessern wollte.“

„Das sagt sie“, gab die Mutter unbefriedigt zurück. „Wo ist sie denn jetzt hingezogen? Warum sagt sie denn das nicht, wo sie hin ist?“ redete Frau Oswald und hob den Kaffeetopf auf den Tisch und stellte ein paar Eßnäpfe hastig daneben. „Nun ja, Vater, begreifst du denn nicht“, sagte sie, wie geduldiger, „daß das nicht mehr richtig sein kann?“ Aber der Mann sah das noch immer nicht, weil er nicht rege genug Bilder in sich aufweckte, wenn er Worte und Wendungen las oder hörte.

„Das ist ein Gerede so drum herum“, sagte jetzt Frau Oswald wieder, als sie, ein Stückchen Zucker in dem zahnarmen, welken, verrunzelten Munde, schon die Kaffeeschale bereit hielt, einzuschlürfen. „Das Mädel tut nicht gut“, stieß sie heraus. „Du scheinst das nicht zu sehen“, sagte sie fast vorwerfend. „Den anständigen Dienst hat sie aufgegeben – wir sollen ihr – na – wohin ist denn nun ein Schreiben zu richten? wohin denn? Kannst du's finden? – etwa? – was?“

Der alte, umständliche Mensch von Arbeitsmann bog den Brief noch näher unter die kleine Lampe und sah ganz hinein. „Frankfurterstraße siebzehn, Hochparterre“, sagte er. „Ja – das steht da“, sagte Frau Oswald streng. „Aber ich begreife nicht, daß du nicht siehst, daß sie jetzt gar keine Adresse weiter angibt. Wir sollen jetzt wohl nicht mehr wissen, bei wem sie in Dienst ist? Sie muß doch bei jemandem sein. Sie kann doch nicht auf eigene Hand leben", sagte die Oswalden an dem Tage so entrüstet und aufgebracht, daß endlich auch der Mann alle Schwierigkeiten einsah, die die Mutter gleich gefunden hatte, und er auch ins Grübeln und Erwägen geraten war. „Ja, aber, das kann sie ja vielleicht vergessen haben, und ein zweites Mal kommt's noch", sagte er noch einmal beruhigend. –

Aber in Frau Oswald waren die Zweifel und Bedenken dann auch nicht mehr stille geworden, als wieder Geld und ein Brief kam, worin es stand, daß sie bei einem Restaurateur in Stellung war. In Frau Oswald ging es das ganze halbe Jahr bis wieder zum Frühling wie eine böse Ahnung um, so daß sie ganz gefühlsmäßig von den Briefen Herminens auch gar niemand mehr groß als nur gefragt einmal erzählen mochte, und dann sehr unvollständig und mit Einschränkungen flüchtig: und immer mit dem Bedenken zum Schlusse, daß sie nicht genug wüßte, und daß es ein Unsinn wäre, ein solches junges Ding überhaupt in die Welt hinaus zu lassen. Das war die Zeit, wo der Mann auch oft zu hören bekam, daß alles Mahnen und Reden nichts taugte, wenn man nicht leibhaftig bei seinen Kindern stünde und sie vor den Gefahren des Lebens bewahren möchte. Dann konnte die Frau manchmal so geängstigt sein, daß sie weinte, und daß sie der Mann nur sehr langsam und umständlich beruhigen mußte.

Einmal war sogar ein Brief gekommen, der in der Mutter beinahe einen Entschluß gezeitigt, selber in die Großstadt zu fahren und zum Rechten zu sehen. Das Mädel philosophierte darin allerhand, das sonderbar genug klang.

„Man ist wie hinausgeschmissen auf die Straße", schrieb sie, „vermieten muß man sich und jeder nutzt einen aus, man steht da wie ein Vieh am Stricke, wenn's nicht zieht, haut man's weg. – Ja – so ungefähr geht es hier, Mutter. Kein Wunder, wenn man in den Tag lebt und an nichts denkt, was einmal daraus werden soll."

„Was ist das für Gerede", hatte da die Oswalden gleich außer sich gesagt, „man muß sehen, was die Tochter hat", sagte sie noch erregter. „Wenn's auch nicht deine Tochter ist, meine ist es. Ich laß sie nicht fallen und treib sie nicht hinaus wie du", weinte sie voll Vorwurf. Und dann stand auch weiter allerhand Unklares: „Ich weiß ja, daß der Vater mich verabscheute, wenn ich käme. So was wagt man nicht, wenn auch der Knüppel beim Hunde liegt. Ich werd's schon aushalten, jetzt, wo ich mir die Suppe hier freilich selber eingebrockt habe."

„Ich fahre hin", weinte und schluchzte Frau Oswald, „es geht ihr schlecht, dem Mädel, das haben wir nicht nötig, daß wir sie draußen lassen. Ich will sehen, wie alles ist, und damit gut", hatte Frau Oswald geklagt und herausgepoltert. Aber Oswald ließ sich nicht aus seiner Ruhe bringen. „Tu du, was du nicht lassen kannst", sagte er. „Wenn sie schlecht geworden ist, wirst du sie nicht gut machen."

„Schlecht", schrie Frau Oswald, „warum soll sie denn gleich schlecht sein?"

„Nun, lügen konnt' sie immer", sagte Oswald, der von der Alten Tone schon geärgert war.

Es gab an dem Abend einen harten Zank, daß es die Nachbarn zu hören bekamen. Denn das Wort „lügen" hatte Frau Oswald getroffen, wie die Lunte ein Pulverfaß. „Lügen", schrie sie plötzlich noch einmal, wie sie der Mann noch niemals gesehen hatte, „lügen, sagst du und nennst alles bei groben niederträchtigen Namen. Wer hat denn mein Mädel zum Lügen verführt? – Du – ganz alleine! Du ganz alleine, weil du gleich alles mit dem Glüheisen brennst, was an junger Laune einmal raus will. Du warst schuld allemal, wenn das Mädel nicht offen war. Das war eine Seele von einem Mädel! Wenn du nicht warst! Du ganz allein bist schuld, wenn sie jetzt auf dem Wege weitergeht."

Der Mann hatte sich zuerst umgesehen, weil er gleich dachte, die Frau faßt der Wahnsinn. Ihre Lippen zuckten und vibrierten. Aber es war noch kein Zaudern in ihr, daß er es aushalten mußte, was noch an die Luft kam. „Du bist ein ewig Sanfter, der gar nicht leben kann", schrie sie jetzt, „gedeesche und gedrückt bist du immer, und wenn einmal Laune und Lust kam, hieltst du gleich die Stürze drüber. Das bringt dich aus deinem Schlafe. Deshalb hast du das Mädel aus dem Hause in die Fremde gejagt und vielleicht ins Unglück." Sie ergoß sich unerschöpflich, so daß der Mann sie zuerst am Arme genommen und dann versucht hatte, sanft und freundlich immer wieder eine Mahnung dreinzureden. Aber wie sie immer von neuem aufschluchzte und schrie: „Das Mädel ist unglücklich, das Mädel ist unglücklich, das Mädel hast du ins Unglück gestoßen. Du hast das Mädel ins Unglück gestoßen ganz allein", da kochte es auch in dem Mann plötzlich über, daß er in sinnloser Wut Kannen und Schalen mit einem Striche vom Tische fegte und Tisch und Stuhl mit umriß. Kein Wort sagte er weiter. Die Worte blieben ihm im Munde sitzen, und er gurgelte nur ein wenig, und wie alles sogleich auch zertrümmert vor ihm lag, machte er nur eine Bewegung über die Augen und setzte sich atemlos.

Da war an diesem Abend ins Stübel sofort Stille gekommen, und die Sache war damit für immer beigelegt. Und die Tage und Wochen darauf war es stumm und verhalten. Und über Oswald und über Frau Oswald lag eine dumpfe Last, aber auch eine ängstliche Sorglichkeit eines jeden, als wollten sie einander tragen helfen und gern die Sache so nehmen, wie sie kommen müßte, ob sie sich auch zuerst wie sinnlos dagegen gebärdet hatten.

Hermine hatte lange nicht geschrieben. Sie hatte ihren Dienst als Kellnerin versehen, so lange es ging, und dann hatte sie einen schnellen Entschluß gefaßt. „Mag's kommen wie's will, zu Hause ist zu Hause –", und sie war eines Tages im Herbst, gerade als Frau Oswald barbeinig unter der alten Linde stand – im Kopftüchel, darunter die grauen Haarsträhnen im Winde flogen – und Herbstblätter für die Winterstreu zusammenrechte, langsam den Hang erklimmend, in der Mutter Augen allmählich kenntlich aufgetaucht. Frau Oswald hatte schon von ferne immer gesehen und gesehen, daß da unten aus der Hauptstraße Eine herankam, die es mit den Schritten nur langsam und zögernd nahm. Sie hatte ihren Rechen einen Augenblick ganz stille gestellt. Sie hatte dann eine Weile gedacht, daß sie das gar nichts anging, und war auch noch an die Wiesengrenze gelaufen, wo Blätter genug aus dem Herbstahorn und den Birken im Reigen herabfielen und sie umtanzten. Aber dann mochte sie wohl doch aus der ganzen Haltung dieser Frau, die in einem städtischen Hute mit roter Feder und mit einigermaßen vornehmer Kleiderraffung, daß sie nicht an den tausend Steinen des Weges hängenbliebe, sich langsam schreitend heranmühte, wie Verwandtes erkannt haben. Sie lief eilig zum Hause zurück, ganz plötzlich, als ob sie eine Angst bekäme. Sie stand auf dem Vorsprung, wo zu Seiten die Dunggrube lag, äugte mit Spannung, wollte sich auch die Dungschürze abbinden, wollte, als wenn jemand aus der Freundschaft käme, hinein, um vor dem Spiegel ihr Haar –, das alles ging nur so hin und war auch schon vergessen. Denn aus den Augen der Jungen, die immer näher herankam, sprachen noch immer nicht die frohen Zeichen des Grußes, es lag sichtlich nur Bedrohliches darin – und in der ganzen Art und Last – daß Frau Oswald jetzt nur Schritt um Schritt herniederging, der Kommenden entgegen, die sie doch ganz erkannte. Ganz erkannte, daß eine Junge kam mit einer vollen, schweren Leibesbürde, eingefallen die Züge und hohläugig, nicht freudig, nicht lachend, nicht einmal lächelnd, nur gleich weinend und keiner Worte mächtig, angesichts der kleinen einsamen, im Herbstsonnenschein friedlich liegenden Heimatshütte, daß Frau Oswald sie auch schon bewegt und stumm in ihre Arme schloß und küßte und mit ihr einen Augenblick weinte, dann aber sich umsah, ängstlich nach den Nachbarn blickend, sie am Arme sorglich emporführte und mit ihr im Häuschen verschwand. Hermine hatte in ihrem Zustande einen weiten Weg gemacht und ließ sich im Stübel auf der Ofenbank niederfallen, ohne sich umzusehen. Sie weinte bitterlich, nicht so sehr, weil sie jetzt noch etwas fürchtete; auch an den Vater dachte sie gar nicht. Es ergriff sie der Anblick des lange verlassenen Vaterhauses. Es war ihre einstige Kindschaft im Erinnern aufgekommen, als sie langsam durch das Dorf ging, und füllte sie mit Schmerz bis zum Erschüttern. Sie hatte s i c h gesehen, wie sie einmal gewesen war, jung und inbrünstig. Alle Wege und Stege der Jugend lagen hier in Sonne ausgebreitet, und nun kehrte sie heim mit einer Last außen und innen. Scheu und zerknirscht war sie. Aus der Stadt kam sie. Aus Rauch und Bierdunst. Aus der geilen Atmosphäre einer niederen Männerkneipe, wo sie in Fron gestanden, und mit Leib und Seele sich hingegeben und sich verloren hatte. Die Mutter Oswald konnte lange Hermine nicht beruhigen.

„So Eine bin ich jetzt“, schluchzte Hermine.

„Es kann noch alles einmal wieder anders werden“, hatte Frau Oswald tröstend gesagt, obwohl ihr tatsächlich fast das Herz brach bei diesem Anblick, bei dem Anblick dieses städtischen Fräuleins, das noch mit der Frisur einer großen Dame, das Haar hoch gebunden und auffällig, in einer mit allerlei Perlenzierat behangenen Bluse und mit Ringen an den Fingern und Gehängen am Handgelenk dasaß, unkenntlich fast für die barbeinige, runzelige Alte in der Kattunjacke, die aus der Stallarbeit und Gartenarbeit kam, – unkenntlich – und doch ganz gut kenntlich an den Augen, an den blutroten Hängelippen, die allein noch rosig und frisch aussahen in dem jungen Kummergesicht, das jetzt sich anklagte und nicht mehr Halt und Würde fand. Aber Frau Oswald ließ das Kind weinen, es weinte sich gesund, meinte sie. Sie fragte nicht. Sie tröstete. Sie küßte die bleichen Mienen. Sie hatte keinen Vorwurf. Sie dachte auch an den Alten nicht. Sie hörte die Anklagen, die Hermine gegen sich aufbrachte. Sie sah wohl, daß es der nicht gegangen war wie unter Lilien und Rosen. Hermine sah verwahrlost aus aus Herzensgrund. Die Jugend schien ganz aus den Augen und aus der Seele gewichen. Harsch und hart kamen die Anklagen mit dreisten Worten. „Das Mannsvolk ist ja rasend“, sagte sie einmal, „auch die sanftesten wollen nicht anders als rumhuren in allen Winkeln.“

Die Mutter erschrak, sie wagte gar nicht all das anzurühren, was da an frühreifer Erfahrung heiß und vorwurfsvoll herausquoll – bis es dann von Schritten klang.

Da erschraken beide.

„Der Vater kommt. Mutter, um Himmels willen!“ Hermine war aufgesprungen. „Ich ertrag’s nicht. Nein, nein, um keinen Preis, ja nicht“, hatte sie eilig herausgestoßen und war aufgesprungen, alles, Hut und Jacke vom Stuhle reißend, um irgendwo in einem Winkel sich zu verstecken. Aber dazu war keine Zeit mehr gewesen. Oswald war schon im Hausflur erschienen und sah sie. Hermine sah ihn an mit hassenden, bösen, blutunterlaufenen Augen. Sie konnte nichts sagen, es gerann ihr alles. Sie erwartete, daß er einen Rechen oder eine Axt ergreifen und sinnlos schlagen und sie und die Mutter hinaustreiben würde mit Schande. Aber Oswald stand nur sinnend vor ihr und besah sie von unten bis oben, ehe er zu sich kam. Dann ging er langsam, wie es seine sinnende Art war, aber vor sich hin lachend in die Stube.

„Nun wirst du dich 'ne Weile vor den Dorfleuten verstekken mögen", sagte er noch immer ein wenig im sinnlosen Erregen, ohne groß nach außen viel zu verraten.

„Also, das wär's, was du uns ins Haus bringst", sagte er und biß sich auf die Zähne und fuhr sich über die Augen, wie um etwas wegzuscheuchen:

„Na ... ja, ja ... immer zu, immer zu ..." Weiter fiel ihm rein nichts ein. „Immer zu", sagte er noch einmal, als Hermine ihre Ofenbankstelle zögernd wieder einnahm und ihren Kummer neu in stummen, harten Schmerz- und Schmachtränen ausweinte...

Wie sie dann in der kleinen Giebelstube endlich schlafen gegangen war, gleich als sie in die alte Bettkiste kam, wie eine Tote eingesunken, da saß Oswald noch immer vor sich hinstaunend da.

„Sie sieht aus wie der Tod. Mag sie hier sein und ihr Kind gebären. Schande genug! – und nach allem, wie es so zugeht in solchen Höhlen, wer mag wohl der Vater sein?" Und dann sagte er noch: „Die ist richtig zugerichtet", und er lachte wieder vor sich hin: „Die sieht aus, als wenn sie das letzte wüßte."

Die Zeit, die Hermine jetzt wieder im Elternhause war, war eine gar stille und traurige Zeit. Die beiden alten Oswalds waren noch runzeliger geworden. Die frühere Redseligkeit der Frau war ganz geschwunden, sie redete nur das Notwendige in die Arbeit, die sie auch meist allein draußen tat, weil Hermine mit ihrem schweren Leibe nicht mehr groß anders hantieren konnte, als ein wenig am Herde. Oswald lief herum wie mit einer Schande und sah so geduckt und scheu aus, daß man ihm jetzt auch nicht mehr ansah, daß er um sechs Jahre jünger wie sie gewesen, als sie sich geheiratet hatten. Der Gedanke, daß die Tochter aus der Stadt gekommen war, mit nichts anderem als mit Unehre, daß sie zudem ganz und gar sich hingeworfen, so jedem Gierigen zum Fraße mit Leib und Seele, daß sie, wie sich's nun herausstellte, daran gar nicht denken mochte, einen an Vaters Stelle anzuklagen, damit der für das Kind, das erwartet wurde, sorgen möchte, rumorte in ihm Tag und Nacht, machte ihn ängstlicher und demütiger noch, wie er mit seinen guten, offenen blauen Augen sonst schon gewesen war, machte ihn bleich und eingefallen und ließ ihn immer jetzt den Weg heim und zur Arbeit nehmen, wo er niemand traf, der ihn ausfragen konnte.

Die Nachbarn hatten natürlich bald weg, wie es in Oswalds Hause stand.

„Na, prüllt's nicht balde?“ hatte die dicke, bucklige Nachbarin oben einmal der Oswalden zugerufen, wie sie am Weihnachtsmorgen eben die Obststämme, ein jedes mit einem Strohband nach altem Brauche umwand, damit auch die Bäumchen an der Freude teilnehmen und dann um so besser tragen konnten. „Es ist heiliger Abend!“ ging auch Frau Oswald dann durch den Obstgarten jedem Stämmchen so es zuraunend, einem jeden noch einen Schlag gebend, um ihn aus seinem Winterschlummer, wie einen Verzauberten, in einen süßen Traum zu wecken, aus dem er einstmals zum wirklichen Blühen und Fruchttragen erwachen sollte. Die Nachbarin war eine rücksichtslose Böse, wie Buckelige manchmal sind, ein wenig herzlos allezeit, aber um so klüger. Frau Oswald kannte sie und machte gute Miene zum bösen Spiel.

„Was will man machen?“ sagte sie über die verfallenen Zaunstangen, die halb im Schnee steckten, hinüber, „wenn's einmal so weit gekommen ist. Die Kinder gehen hinaus, und man kann sie nicht hüten.“

„Ja, mein Gott, gar in den Stadtstraßen“, sagte die dicke, gedrückte Nachbarsfrau, die ihre Arme wie ein paar Fleischkullen trotz Winterkälte frei trug, und besann sich, daß sie auch arm war und Kinder hatte, die sie hinaus geben mußte und nicht hüten konnte. „Nein, nein“, sagte sie, „das ist mit den Mädeln so, für unsereinen taugen Mädel nicht, die sind zum Fraße.“ Sie war wütend, wie sie es sagte.

„Man muß ihr eben durchhelfen, wie es kommt“, sagte Frau Oswald. Aber Hermine sah aus der Haustür, weil sie gehört hatte, was sie gesprochen, sah sich nach der Nachbarin nur mit Verachtung um und rief die Mutter, daß sie hineinkäme, indem sie ihren schweren Leib mühsam vor sich trug.

Mit Hermine war es jetzt schlimm. Wenige Wochen daheim, und sie hatte sich total verwandelt in allem. Mutter und Vater sah sie gar nicht. Sie tat das bißchen Arbeit ohne Teilnahme und ging derart verwahrlost, wie es Frau Oswald selbst in der Arbeit unbekannt war. Die Mutter mahnte sie: „Hermine, mach dir deine Haare. Die hängen ’rum wie Weichselzöpfe.“ Das nutzte nichts. Wie sie ging und stand, so war sie. Ihre Lumpen hingen an ihr herum. Sie lief, kaum daß sie in einen Pantoffel fuhr, mit nacktem Fuße, und sich über die offene Nachtjacke einen kümmerlichen Rock warf. Die Haare hingen fast immer in Strähnen und voll Bettstroh, ohne daß sie daran dachte, mit Wasser einmal darüber oder über ihre welke Haut zu fahren.

„Hermine, zieh dir einen vernünftigen Rock an“, mahnte die Mutter hundertmal. Das war so hingesagt, ohne daß es in Tagen einmal dazu kam, weil auch all die Stadtröcke, die sie im Kasten mit hatte, zu eng, und gar nur gemacht waren, den Busen hoch zu tragen und nicht, um der Leibesfülle des jungen Mutterweibes Raum zu geben. Hermine lag ganz darnieder, noch dazu, weil auch in ihr der Kummer lebte, den Oswalds Mienen ihr heimlich erzählten, wenn er am Morgen seine Flasche voll Kaffee in seine Ledertasche einschob und die Mutter noch ungerichtet ihm im Lampenscheine den Brotkeil schnitt, oder wenn er am Abend heimkam, zernagt in seinen staubig grauen Mienen, ohne daß ein rechtes Besinnen zur Lebensfreude sich jemals auftat. Nur Frau Oswald vergaß manchmal, daß sie Schande trugen. Sie war die einzige, die doch ein frischeres Wort versuchte, wenigstens wenn sie mit Hermine allein im engen Stübel stand und hantierte.

Die Alte war auch ein wenig neugierig. Sie versuchte Hermine auszufragen nach allerhand, was geschehen war und zu sehen gewesen. Aber Hermine mochte an nichts denken – an die Stadt gar nicht, auch nicht an die Studenten, die sie in später Nacht manchmal noch einzeln umlagert, wenn es schon zum Schlusse ging, auch nicht an den und jenen, der ihr gefallen, weil er freundlich und anständig gewesen war. An niemand – an gar nichts mochte sie erinnert sein! Und Frau Oswald ließ es auch bald, wie sie merkte, daß dann Herminens Gesicht noch tiefere Bleiche und einen Haß bekam, und solche Tränen, von denen sie sich oft lange nicht erholte,

Das war so die Zeit bis um Weihnachten herum. In dieser Zeit kamen Friedenstöne aus der Luft, Weihnachtslieder schwebten hin und wieder irgendwoher. In die Augen des Vaters kamen Bilder von der Geburt eines Heilands. In der Mutter wachte es auch auf, wie eine ferne Freude, die auch eindringlich aus den Türmen unten im Tal heraufdrang in die Hütte. Vater und Mutter gingen in die Adventpredigt. Sie waren sehr feierlich. Sie brachten wie einen Frieden dann ins kleine Haus zurück. Hermine begann in diesen Tagen – wie in einer Verwandlung – dem Kindlein mit einer ihr bis dahin unbekannten, heimlichen Freude und Erwartung entgegenzusehen. Es erwachte auch für sie wie eine leise Ahnung und Verheißung in all' den Weihnachtsklängen. Bisher hatte sie sich immer noch geängstigt gerade vor der Festzeit. Aber die

Selbstvorwürfe schliefen allmählich ganz ein in der Zeit. Sie hatte keine Erinnerungen an ihre Schmach. Sie fühlte jetzt nur, daß ein neues, junges Leben aufgehen würde auch aus ihr, woher es auch gekommen.

Nichts anderes mehr war in ihr. Sie fragte nicht, und dachte nur, daß es ein Kindlein würde in der ärmlichen Krippe. Sie fühlte ihre Brust sich füllen wie einen Quell und harrte so heimlich der Süßigkeit entgegen, die aus Kinderaugen kommen müßte.

Mutter Oswald war gar noch auf den Gedanken gekommen, am Christabend ein Bäumchen anzuzünden, daß Hermine in ihrer bleichen Mutterschaft davor in seinem Scheine saß, und der Vater weinte, und die Mutter weinte, und sie selbst schließlich ihre Tränen nicht zurückhielt, aber keinem die Tränen an diesem Abend und in diesem Lichterglanz Schmerz schienen, nur wie ein helle Verheißung.

Das Kind war längst geboren. Der Schrei des Jungen im kleinen Häuschen war beiden Alten gewesen, daß sie sich angesehen und gelacht hatten. Ein brauner, seltsamer, kräftiger Junge. Der alte Oswald hatte gar nicht erwarten können ihn anzustaunen. Hermine lag in ihren Kissen zurück, und hatte nur von ferne noch, wie sie gesehen, was für ein kleines Äffchen aus ihr hervorgegangen, eine Ahnung von dem, wer der Vater war. Aber sie dachte nicht weiter. Und die Alten erst recht nicht.

Der Junge war da. Und Hermine raffte sich bald, weil die Mutter sie pflegte. Sie sah jetzt jünger aus und gewann wieder ein fast mädchenhaftes Aussehen. Sie entschloß sich auch, bald in die Stadt zurückzukehren. Im Orte, wo alle es wußten, blieb sie nicht. Als das erste Vierteljahr herum war, um den Ziehtermin, hatte sie neu eine Stelle gefunden, weil sie jetzt in der Stadt mit Agenten und Vermietsleuten Bescheid wußte. Und Oswald hatte sie ohne große Worte ziehen lassen, jetzt, wo sie selber genug Erfahrung besaß, um sich zu sagen, was sie tun mußte. Außerdem sah sie so bestimmt aus ihren dunkeln Augen heraus, sah auch so anständig aus in ihren Stadtsachen, hatte ein einfaches, gesetztes Benehmen, daß der Vater ein wenig doch auch vor ihr Respekt spürte, zumal sie die Mutter Fritzels war, den sie ihnen zurückließ.

„Geh und komm wieder", sagte er bloß, „wie's zugeht in der Welt, weißt du." Das war seine ruhige Rede gewesen, daß man dabei auch für ihn erstaunt war, weil er es gar nicht ängstlich und bedacht nahm, wie es sonst früher gewesen war. Aber wie sie hinaus war, Hermine, begann er bald das Kind zu lieben wie einen kleinen Wundermann. Die Mutter Oswald mußte ordentlich manchmal lachen, wie er es trieb, ob er gleich in der Tagesarbeit genug zu schaffen und Mühe hatte. In der Nacht stand er manchmal, wenn sie eingeschlafen, über der Wiege und horchte auf des Kindes kurze Atemzüge:

„Mutter, er atmet zu schnell", sagte er dann, wenn die Oswalden, aufgewacht, ihn gefragt hatte.

„Ach, Mann, geh, laß ock den Jungen, er schläft ja gut."

„Nee, Mutter, hör' einmal, er atmet heute hastig, es wird ihm doch nichts fehlen?"

„Nein, nein", mußte ihn Frau Oswald mehrmals beruhigen, bis er dann im Hemde ins Bett schlich.

Und wenn er am Morgen zur Arbeit mußte, was tat er? Ehe Frau Oswald noch daran denken konnte, rein zu nachtschlafender Zeit, kramte er schon um das Ofenloch herum, machte die Stube warm und hatte die Ziege oder die Kuh gemolken, bloß damit er dem Jungel, das dann kaum zu schreien brauchte, etwas Gutes antun, und für es ein wenig sorgen konnte, weil er dann doch am Tage abseits in der Arbeit war. Nein, eine ganze Liebe und Sorge lebte jetzt in Oswald auf, als wenn er drauf und dran wäre, selber jung zu werden, so eine seltsame Veränderung lag jetzt in den Mienen des Mannes, wenn er heimkam und hinschritt, als ob er's nicht erwarten konnte, in seinem Häuschen und vor der Wiege zu stehen.

Alle, die Oswald kannten, nicht bloß die Oswalden, auch die dicke, buckelige Nachbarin oben, und gar die alte Großmutter, die blöde Augen hatte und es bloß am Ton fühlte, merkten, daß es nun bei den Oswaldleuten irgend etwas gab, das wie eine Sonne im Frühling die Blumen aus der Erde aufgehen und Licht und Frieden scheinen ließ. Auch Frau Oswald selber wußte über dem ewigen Hin und Her um den Jungen nicht, wie sie sich bald an dieses Menschenwesen angeschlossen.

Man kann nicht denken, was ihr alles so einfiel, wenn sie den Jungen wiegte und lange in die reinlichen Bettchen sah; sie selber nicht gar übermäßig reinlich. Denn sie mußte auch im Kuhstall alle Arbeit noch tun, nach wie vor, da kann man nicht hindern, daß ein Strohhalm ins Haar fällt oder einmal der Arm in die Schmutzstreu eingreift. Aber rein närrisch war sie, was sie so alles dem Kinde tat. Sie hatte eine Wiege hergerichtet, als wenn ewig in ihrem Stübchen Weihnacht wäre, die Sache sah aus wie ein Fest. Die Wiege war gut aufpoliert und ein Himmelbett aus heller Glanzleinwand ausgespannt, und eine gehäkelte Decke hatte der Vater gekauft, in der eine bunte Rose mit einem Zweig eingewoben war. Er hatte sie gekauft unten beim Vorübergehen in der Weißwarenkrämerei, für das Kind war ihm das Beste gut genug. Und die Mutter wunderte das gar nicht. Das Kind bekam auch Spielzeug, wie bei reichen Leuten fast, wenigstens stach die kleine silberne Klapper mit den silbernen Glöckchen, die es schon im Frühling mutig in der Hand schwang, ab gegen den Tisch und die Ofenbank, auf der sonst nur Kartoffelhaufen lagen und ein

Fettnapf stand, aus dem Oswald geduldig und schweigsam Kartoffeln Bissen um Bissen gestrichen in den Mund schob.

Das war das Gehäuse, in dem das Kind geboren war, das jetzt aufging wie eine gute Saat, ob es gleich zuerst mit Sorge und Schande erwartet und wie ein arger Niedergang und eine Last auf der jungen Mutter und auf den alten Oswalds gelegen hatte.

Hermine stand wieder in einem Krämerdienst und war Ladnerin in der Stadt, nun streng und nicht leicht zu gewinnen für begehrliche Blicke.

Und die Alten kamen sich vor, als hätten sie erst zu leben begonnen, wo sie sorgen konnten früh und spät, wo er das Herz voll hatte von dem Bilde des kleinen Schreihalses, wenn er seine Straße lief, hin und her, und manchmal in die Luft lachte, als ob er schon ein kleines Lachen wie von ferne gehört hätte; und sie an nichts dachte, als ja rechtzeitig hineinzulaufen aus der Heuarbeit und aus dem Strohschütten, damit sich nicht der kleine, ungebärdige braune Junge, der gar nicht jemandem von ihnen zu gleichen schien, seine kräftige Kehle zu sehr wund schrie.

Im Spätsommer hatte ihn dann auch Frau Oswald zum Grummet schon mit auf den Hang genommen. Sie hatte ihn in das weiche Gras hineingebettet, er fuchtelte mit seinen Ärmchen in der Luft herum. Er lachte schon ganz hörbar und machte auch Frau Oswald in ihre Arbeit hineinlachen. So war es wirklich ein Vergnügen für die Alte, in der Arbeit zu stehen. Sie kam sich gar nicht wie eine Großmutter vor, wie eine Mutter, wie eine Junge. Sie sah auch so listig aus, als ob sie es allen, die vorbeigingen, zeigen wollte, daß das Kind ihr Stolz war. Die Nachbarn wußten das längst. Manche schantierten. Manche sagten: „Zuerst taten sie wie geschlagen, jetzt springen sie bis an die Decke." Aber wenn sie kamen, sahen sie es doch auch mit Vergnügen, wie der seltsame Junge heranwuchs, so apart, wie ein Negerjunge so farbig, obwohl allmählich hellere, rosigere Haut herauskam. Und die Hauptsache war, daß der Junge unumständlich gedieh. Gar nicht besonders kränklich war er. Die ersten Monate hatte es eine Mühe gegeben, wie Hermine ihm die Brust entzog, weil sie fortwollte, dann hatte er sich dreingefunden. Und wie das Jahr vorüber war, sah er aus, wie ein pausbackiger Engel mit dunklen Haaren und tanzte auf dem Arme der Oswalden wie ein kleiner strahlender Affe, so geschickt und so lächerlich. Man sollte nur sehen, wie das allmählich lustig herging in den vier niedrigen verräucherten Wänden, wenn Frau Oswald am Herde die Töpfe schob und mit Oswald, der heimgekommen, die Tagesereignisse des Kleinen besprach. Tausenderlei hatte sie gesehen, das sie alles sehr wichtig nahm. Wenn er eine Tasse zufällig mit den Füßen umgestrampelt, das gefiel ihr, und auch Oswald lachte über die Scherben und drehte sie um und lachte wieder.

„So ein Jungkerl", sagte er bloß, und er ergriff ihn mit den Betten und hielt ihn hoch und schwenkte ihn in die Lüfte und sang ihm ein Lied, das ihm auf die Lippen kam – nicht gar weiche Klänge – und hatte ihm eine kleine Tierfigur mit Lammfellhaut überzogen zum Spielen mitgebracht und sang ihm auch, wenn er dann endlich wieder einschlafen und stille liegen sollte.

Ein Leben, wie es gar nie gewesen war, so ging es jetzt die ganzen Jahre fort, ohne daß sich irgendein Kummer gemeldet oder eine Drohung von außen einmal eingestellt hätte, die die beiden frohen Alten in ihre ehemalige Schwermut zurückgerissen oder sie auch nur eine Weile angewandelt hätte. Dazu kam auch noch, daß Hermine in der Stadt verdiente und schickte, und daß es ihr gut und geordnet ging. Das wußten die Alten obenein, das sahen sie. Das mußte jeder aus den Briefen merken. Das sahen sie auch daran, daß sie ihren

Dienst hielt. Aus den Briefen klang sogar etwas, was wie eine fremde Kälte kam, was sich jetzt über die Alten ein wenig hinwegsetzte, als wenn sie nun auch den Eltern gegenüber ihre Vergangenheit vergessen machen und zeigen wollte, daß sie im Grunde doch etwas Besonderes wäre.

Aber das traf die Alten nicht weiter, so lange sie den Jungen hatten, der ihnen lachen machte und Leben. Und weil sie auch ein wenig Hochmut hinnahmen, wenn sonst das Leben geordnet und klar dahinging.

So waren mehr als zwei Jahre unmerklich vorbeigezogen und im Häuschen oben an der Lehne hatte sich nichts geändert. Da hatte die Oswalden ihre Wäsche im Holztroge vor der Tür und wusch unter dem reichlichen Strahl klaren Bergwassers, der herniederfloß und ein Klingen ums Haus gab und ein Rauschen Tag und Nacht. Das Jungel tappelte daneben um ihre Beine, und sie lachte ihm zu. Sie hatte es eben nebenher getröstet, weil es mit seiner kleinen Leibesbürde unwirsch im Schmutze gelegen, und strich ihm noch einmal die Händchen, unterdessen sich Fritzel die Striemen mit saurer Miene besah. Es war ein reizender Junge, kräftig, oft zum Lachen bereit, ein paar große Kohlen von Augen, und gar erstaunt, wenn ihm die Großmutter den Blick auch einmal emporgerichtet in die jungen Knospenbäume, wo Stare wie Hähne gekräht und lustig gepfiffen hatten. Da hatte er gleich auch seines kleinen, breiten Mundes weiches Lippenrot gespitzt, es zu versuchen, und hatte den Finger an die Nase gehalten, um zu passen, ob er die Wirkung seines Tuns nicht auch würde hören können.

Oswald war noch draußen im Dienst.

Es war in der Pfingstwoche und ein übermäßiger Glanz lag in den Lüften. Die Berge lagen weich wogend in den ersten Frühlingsdünsten, da und dort an den Felshängen hing noch Schnee. Die Gruben schimmerten schon in ihren silbernen

Zerklüftungen, obwohl noch reichliche Winterlasten im Grunde sich häuften. Die wehenden Winde strichen über sammetnes erstes Smaragdgrün der Matten, und da und dort näher am Hange und auch ums Häuschen krochen Blumen aus der Wintererde ins Grün hinein, die auch Fritzel mit einer Entzückung sah als wahre Wunder. Frau Oswald warf vom Waschtroge einige Male und immer wieder aus der Arbeit ihrer braunen Arme, die im Wassertroge schweiften, einen lachenden Blick auf den Jungen, der in Gras und Blumen saß und für sich lachte und kicherte.

Da gab es diesmal eine wahre Überrumpelung.

Allerhand Leute strichen im Tale: Pfingstwanderer, die sich zeitig in die Berge aufgemacht. Es waren schon einige Male, auch auf den kleinen Fußpfaden ihrer Hütte, ein paar Jünglinge gestanden, die mit der Karte in der Hand und den Wanderstecken herumgesucht hatten in der weiten Frühlingswelt der Berge mit Blick und Hinweis und Zurücksuchen im Geschriebenen und Hinzeigen, da und dorthin mit dem Wanderstecken, hin auf die weiten Kammwogen, die sich weit dehnten wie ein kühler, herber Gesang aus der nahen Welt in ferne, dämmernde Lüfte. Es waren auch ganze Schwärme unten im Tale heiter gezogen, deren klingende Lust heraufscholl, daß der Junge innehielt mit Lachen und Spielen, wie die alte Oswald „horch" gerufen, und beide dann eine Weile nicht hineinhantieren gewollt, als es sanft und froh in alle Höhen verwehte in die Frühlingswelt. Dann waren ein paar junge Menschen, Jüngling und Fräulein, vorübergewandert. Sie licht wie in Hüllen aus Blumenblättern und heiter geschmückt und leicht schwebend, den Blumenhut am Arme schwenkend, ohne acht, und er ernst, aber nicht, daß man einen Glanz aus der weiten Fülle Licht und Leben nicht auch aus seinen frischen Worten und aus der sanften Liebe spüren können, mit der er über die Blumen sorglich schritt, und seinen Arm in die weichen, blassen Seidenfalbeln des jungfräulichen Armes seiner Wanderin gelegt hätte im mehr versunkenen Vorwärtsgehen.

Frau Oswald hatte den beiden lange nachgeblickt. Es hatte sie entzückt. Manchmal unter Tausenden wandeln zweie, denen man nachsieht wie mit Sehnsucht, die es zu besitzen scheinen, die es leben, – so ungefähr, als wenn man dann ein Gefühl innen zurückbehält, als ob Engel die Schwelle gestreift oder ein Weiser oder ein wahrhaft Guter vorübergegangen. Frau Oswald hatte Freude in ihren grauen, umrunzelten Augen. Sie war jetzt immer wieder lustig und neckisch. Sie hatte den beiden einen freundlichen Gruß geboten, und mit lachendem Blick voll schöner, schlichter Güte hatte die Junge herübergegrüßt, während der Jüngling nicht geachtet hatte. Frau Oswald stand noch und immer von neuem bewegte sie, wie sich die Welt an diesem Vorfesttag schon froh erfüllte und Wanderer da und dort, oben an den Hängen und unten im Tale hingingen. Aber, daß sich einmal gar zu ihr Pfingstwanderer verirren und ihre Hütte suchen, so direkt kommen könnten, wie: „ich komme zu Pfingsten“, das wäre ihr nicht in den Sinn gekommen. Das gab's nicht, das Leben lang nicht.

Oswalds selber waren seit Menschengedenken nie am Festtag einmal außer Hause gewesen. Zur Zeit des Vaters, der im unteren Dorfe eine Bäuerei gehabt, hatten die Töchter wohl ein-, zweimal im Leben einen Besuch gemacht. Frau Oswald wußte heute noch, mit ihren Fünfzigen, was sie mit vierzehn Jahren angehabt, und was sie in ihrem böhmischen Tüchel eingehüllt, das ihr einziges Gepäck war, als Geschenk gewichtig in der Hand getragen hatte, den langen Weg. Damals hatte sie mit der Schwester weit hinunter ins Land laufen müssen. Aber das war im Leben nicht mehr groß vorgekommen. „Wer Vieh hält, muß zu Hause sein“, hatte sie dann jede Neigung dazu verscheucht. Und konnte also auch nicht im entferntesten ahnen, daß da heute jemand zu ihr mit Pfingstabsichten aufsteigen könnte.

Sie schlug gerade ein Laken an dem Holztroge auf, klatschte tüchtig hin und her, daß der Junge im Grase ein wenig ängstlich blinzelte, und sah wie zufällig zurück.

Übrigens stand sie recht in der Arbeit und gar nicht fürs Fest zugerichtet. Sie hatte nur eine verwahrloste Jacke über ihrem groben Hemde an, die halb offen stand, weil ihr warm und schweißig war bei der Arbeit, und einen braunen Leinenrock mit einem vergilbten Sammetstreifen wie immer. Sonst stand sie barfuß, und man sah ihr runzeliges, braunes Fleisch an Nacken und Halse und an den kurzen stämmigen Beinen. Und sie wandte sich sehr achtlos hinunter, weil wieder Leute kamen, die mehr und anderes suchten, als nur eine Lust in den Lenzlüften wie der Wind. „Sie haben nicht richtig fortgefunden", dachte Frau Oswald für sich und griff durch das offene Fenster hinein, wo sie ein Stück des frischen Pfingstkuchens hingelegt, brach eine Ecke und reichte sie dem Jungen nieder. Daß die Leute zu ihr hinaufsahen, machte ihr nichts. „Ganz feine Leute", dachte sie nur, „auch ein Junger und eine Junge; recht Geputzte", dachte sie ein wenig schnippisch, denn das lag in ihr. Die Alte konnte jetzt wieder wie eine Junge schantieren, wenn einmal Gelegenheit kam. Sie hatte weiter gearbeitet, bis die beiden endlich ganz herangekommen und das Frauenzimmer furchtbar gelacht hatte.

Da erwachte Frau Oswald aus ihrer Arbeit. Sie dachte gleich nicht anders, als ob sie der Schlag träfe. „Hermine, nein, Herr Jesus, Hermine", schrie sie fast, und Mutter und Tochter umarmten sich mit aufdringlicher Begrüßung, hielten sich und küßten sich. „Na Herrjott, Mutter, da sind wir", sagte Hermine sehr berlinisch. Der junge, helle Mensch war noch etwas zurückgeblieben, um der Familienbegrüßung den Vorrang zu geben, und stand dann vor der rüstigen losen

Mutter am Waschtroge, die sich den Schweiß aus der Stirne wischte, und die Hermine noch einmal fast mit Tränen und rechter lauter Freude zu begrüßen begann. Fritzel schrie plötzlich furchtbar. „Biste stille“, sagte die Oswalden schnell und achtlos.

„Nein, Mädel, aber … du Himmel … sag mir um alles in der Welt … nein … sag mir nur – –“ weiter brachte die Oswalden es nicht, über dem hastig und mit lachendem Munde gemachten Geplauder der Jungen, die im buntblumigen Frühlingshute wie eine feine Städterin vor ihr stand, in einem lichten Frühlingsjäckchen, wie die Frau Hütteninspektorin es sich kaum kaufen konnte, was Frau Oswald mit dem ersten Blicke übersehen.

„Nein, Mädel, nein, aber, sag mir nur“, weiter kein Wort hatte Frau Oswald vor Staunen und neuer Erstarrung reden können.

Der junge Bratpfann stand noch immer steif daneben. Hermine hatte im ersten Ansturm gar nicht weiter an ihn gedacht. Er machte ein höchst ehrerbietiges Gesicht. Er hielt ein feines Handtäschchen mit großem Anstand und sah Hermine fast mit einem leichten Vorwurf an, daß sie ihn noch nicht vorgestellt.

Die Mutter war gleich in einiger Verlegenheit. „Du, Mutter, Bratpfann, gefällt er dir, mein Bräutigam? Das ist meine Mutter“, sagte sie lachend. „Und das ist also das Kindel“, indem sie jetzt zum ersten Male zum Jungen ging, der noch immer – mehr noch überrumpelt als die Mutter – brüllte und sich wehrte. „O Jemersch“, sagte die Großmutter begütigend, indem sie den sich Wehrenden auf den Arm zwang, aus Herminens Händen. „Das ist ein Kräftiger, wenn der sich durchsetzt, unser Sonnenschein, wie der Vater sagt.“

„Ein Staatsbengel“, sagte sehr gelassen Herr Bratpfann, indem er den Jungen steiflächelnd ansah. Bratpfann war ein schlanker, fast schmächtiger junger Mann, in den Zwanzigen, gewandt und leicht im Blick, ein Schwalbenfänger sozusagen. Der Bart, der ganz dünn allein auf der Oberlippe wuchs, war an den Enden zusammengezwirbelt, damit man ihn überhaupt bemerken konnte. Ein helles Gesicht und die kleinen blonden, spitzen Bürstchen, die emporstanden, wie die Nase, gaben seinen Mienen eine leichte Frechheit. Alles war hell an ihm, nur jetzt das Gesicht vom Laufen rot, und mager. Er sah schlank und elegant aus wie Hermine. In seinem hellen Sommeranzug, mit rotbraunen Stiefeln, die allein ein wenig vernutzt waren, so daß die Absätze nicht mehr ganz stimmten, schien er der Mutter gleich ein ganz feiner Herr. Zumal er beim Vorstellen eine vornehme und ernste Verbeugung vor ihr nicht gescheut hatte.

Übrigens stach Hermine mit ihren dunklen Haaren und ihren Augen, die von schwarzen Büschen umschattet waren, seltsam gegen den Blondling ab. Sie sah heut wirklich sehr hübsch aus. Das hatte die Mutter gleich bemerkt. Die sah beide mit großem Erstaunen an. „Nein, Mädel, daß auch du kommst", rief sie ein über das andere Mal. „Zu Pfingsten kommst du? Nein, was wird aber da der Vater sagen?" rief sie und lachte auch Herrn Bratpfann an, der allmählich zutraulicher lächelte.

„Wir müssen ihn überraschen", sagte Hermine.

Aber Bratpfann benahm sich doch fortgesetzt, als wenn er sich mit seinen hellen Kleidern hier ein wenig hüten müßte. Er hatte Hermine die Tasche in die Hände gegeben. Hermine begann sich jetzt leicht zu machen, zog noch vor der Tür ihre helle Jacke aus, daß sie dann gleich in ihrer durchsichtigen Mullbluse die Arme recken, über dem Kopf zusammenschlagen, in die Heimatberge sehen und lachen konnte, und zum Kinde laufen noch einmal, das sich endlich beruhigt hatte und jetzt mit ihr zu lachen begann. Unterdessen sich Frau Oswald noch mit einer gewissen verschämten Heiterkeit nicht von Herrn Bratpfann wenden wollte, der unschlüssig dastand und sich die Welt ansah.

„Die Aussicht ist halt zu schön", sagte Frau Oswald vermittelnd zu Bratpfann, um nur ein Wort aus ihm herauszulocken.

Warum sollte es ihm nicht gefallen?

Die Mutter störte ihn nicht weiter, wie sie endlich mit Hermine ins Haus lief und drinnen für Unterkommen sorgte. Der junge großstädtische Handwerksgeselle, seines Zeichens Anstreicher, blickte beiden seltsam nach und besah sich dann alles. Er spielte schließlich mit dem Kinde, so wie einer, der noch ganz selten nur mit solchem Kleinzeug einmal ziellos liebevoll getändelt, nur seinen Zeitvertreib nicht sonst zu finden weiß, oder auch, der unter Kieseln am Strande sitzt und sie hineinwirft ohne Gedanken, und sich nicht weiter sorgt, wohin sie die Welle im Sande dreht. Dann rief ihn Hermine hinein, während der Junge im Grase mit den abgerissenen Blumen weiter spielte, die das dünne Glanzstöckchen aus der Stadt, das der junge Anstreichergeselle spielend in der Hand schwang, geköpft und dem Kleinen so von oben nebenhin in den Schoß geworfen hatte. Der Junge lachte draußen. Und die Oswald ging drinnen dienstwillig um die jungen Brautleute.

Wunderbarerweise hatte auch Oswald, als er abends von der Arbeit heimgekommen, so getan, als ob es eine besondere Gnade wäre, daß dieser Pfingstbesuch eingezogen war. Er hatte Hermine mit seinen guten, ein wenig ängstlichen Augen, wie er nun einmal blickte, geküßt und dem jungen Leichtfuß von Anstreicher, einem leichten Berliner Jungen, der sehr ernst und fromm tun konnte, treuherzig die Hand gereicht.

Es war auch die Festtage alles in größter Übereinkunft abgelaufen. Langsam ziehend, im Wagen Fritzel vor sich herstoßend, hatte sich Oswald und hatten sich alle sogar zu einem Gange auf eine nahe Höhe entschlossen und hatten oben in einer Glasveranda Kaffee und Bier genossen, was Bratpfann mit einer frischen Gönnermiene bezahlte, auch noch immer zu Genüssen weiter einladend.

Der alte Oswald, der in seinem Großvaters-Gottestischrock mit den langen Schößen und mit seiner mächtigen Esse von Hut aussah wie ein Grabebitter und vorausschritt, sprach fast gar nicht. Wenn nicht Hermine und die Mutter gewesen, wäre es zuerst still zugegangen. Aber die beiden waren kindlich wie nie, freuten sich jetzt über jedes neue Licht, das auf die Täler in Blüten fiel, lachten mit dem Jungen über jeden Käfer, der sich auf das Bettchen verirrte, oder über jedes Gebrumme, wenn eine Hummel eilig vorüberstob.

Bratpfann gab anfangs nur stoßweise mit leichter, aber flatteriger Rede seine Weisheiten kund, die alle nicht aus dem Frühlingslande kamen, worin sie schritten. Er sah sich zwar auch um, erzählte aber dabei von allerhand, von Werkmeistern und seinen Stellen in der Stadt, sprach nur von sich, lobte vor allem ein Kunststück von einem Deckengemälde, das er einmal in einem Tanzsaal in Berlin angebracht, das besonders großartig wirkte, wenn Tanzende bunt darunter sich schwängen. Er hörte nicht auf zu prahlen. Der alte Oswald nickte nur dazu, und Mutter machte dann und wann große Augen, sah Hermine an und freute sich. Ihr gefiel er. Während sie saßen, hatte Oswald, wie in Verlegenheit, viel mit seiner Zigarre zu schaffen, die ihm Bratpfann angeboten, und woran er gar nicht gewöhnt war. Der Himmel hatte die vier, wie sie so saßen, recht in einer Pfingstlaune zusammengebracht.

„Was hier nicht alles jebaut wird!“ sagte Bratpfann, eine Zigarette zwischen den Fingern drehend, „und die Dorfmaler sind doch Fatzken."

„Na nu", lachte da Hermine, „'s wär doch ganz vernünftig, wenn Eduard hier Arbeit suchte, Mutter! Wie?"

„Ja, mein Gott", sagte Oswald.

„Ja, mein Gott", sagte die Mutter Oswald.

Bratpfann sah Vater und Mutter mit einer großen Überlegenheit an und benahm sich ganz wie ein feiner Herr.

„Nicht, Frau Schwiegermutter?" rief er gefällig und hob Frau Oswald einen Löffel vom Boden auf, den sie soeben mit dem Kleide heruntergerissen. „Bringen Sie den Damen noch mehr Kuchen!" rief er dem bedienenden Mädchen zu.

„Ach nein, lieber Herr, zu was denn? Wir haben genug", sagte Frau Oswald, die von alledem auch ganz verlegen war.

„Ich kenn doch mein Herminecken", lachte er, „wenn's Kuchen jibt."

„Laß ihn nur", rief Hermine lachend.

„Ich weiß schon, daß dir's auch schmeckt, Mutter."

Und das bedienende Mädchen nahm den Teller jetzt nicht mehr zögernd und brachte neu. So ging es.

Es war gar seltsam unter den vieren. Als wenn eine jede der Seelen für sich lebte und lauerte – – dann und wann nur hervorbräche mit einer Idee aus dem eigenen heimlichen Begehren, und wie wenn dann ein künstliches Geplauder und Gewirble einen Augenblick entstünde, in dem alle vergaßen, daß sie einander fremd und unvertraulich waren, und daß sie weder einander suchten, noch brauchten.

Übrigens war Bratpfann ein ganz geschickter Arbeiter. Auf seiner Leiter hoch oben, mit den bunten Farbentöpfen neben sich, so einhersteigend wie auf Stelzen dem Saalsims entlang und die Welt unter sich, bunte Farbflecken im Gesicht, in einem langen buntfleckigen Leinwandkittel, konnte er singen und pfeifen stundenlang. Und wehe! was für eine auch jung in den Saal kam, wenn er ausruhte, nicht bloß Hermine.

Wie er so neben dem alten Oswald wie ein Fuchs am Strick heimzog, war es wirklich kein Wunder, daß er andere Dinge im Sinne hatte, als nur Berg und Täler, und Zweige aus den prallen Frühlingsbäumen voll Blüten, die er dann und wann mit seinem Stöckchen achtlos abschlug. Er war im Grunde ja nur gekommen, weil Hermine von dem kleinen Anwesen gesprochen, von mancherlei Gelegenheit der Lebenserleichterung, von der Möglichkeit, sich hier oben in den Bergen, wo jetzt auch die Eisenbahnstraße langsam sich aufwand, ein bequemes und nützliches Unterkommen rechtzeitig zu sichern.

Sein Plan war jetzt längst gefaßt. Das fühlte langsam auch der alte Oswald. Der sagte nicht viel. Auch wie sie heimgekommen, saß der Vater stumm vor dem Häuschen mit dem feinen Herrn von Handwerksgesellen und sah in die Welt und hatte sich nur wieder die Pfeife geholt und zog Zug um Zug. Aber Bratpfann saß in Hemdärmeln daneben in der lauen Luft und sprach und redete nur fortwährend davon, daß sie es ganz gut zu was bringen könnten, wenn ihnen nur die Eltern im Häuschen Wohnung gäben, und sie einmal etwas selbständig ohne zu großes Risiko versuchen könnten.

„Nun, mein Gott, ja, ja", hatte Oswald schließlich dazu gesagt, ein wenig ängstlich, wie es immer klang, aber doch gutmütig, weil auch der Schwiegersohn den ganzen Ausgang heute freigebig bezahlt hatte und ein sehr umgänglicher Mensch schien.

„Was sagt denn der Vater?" kam Hermine dann heraus, die drinnen mit der Mutter dasselbe verhandelt hatte. Sie fuhr dem Bratpfann gleich durchs Haar, daß der blonde Schopf ihm zu Berge stand, und er noch leichtsinniger mit seinen kleinen Augen sie anblitzte. Und beide lachten, als er sie auf seine Knie nahm und sie ihn vor dem Vater sinnlos umarmte und an seinem Halse und Munde hing. So daß es schließlich dem Alten auch ein Lachen kostete und wie eine Verlegenheit, in der er sich erheben wollte.

„Bleiben Sie doch ruhig“, sagte Bratpfann halb erwürgt. „Ach Jotte doch, bleiben Sie doch sitzen, Vater“, meinte der junge Anstreichergeselle, noch immer im Handgemenge mit Hermine, „wo es so jemütlich ist.“

Und dann blieb also der Vater doch sitzen, wie sich endlich, von Bratpfann bezwungen, Hermine in seinen Arm zurückbog und ihn sprechen ließ.

„Wohnung, nu, ja, ja“, meinte dann Oswald. „Das Kammerle, warum denn nicht, und unten das Stübel auf der Seite.“

„Nicht wahr, Vater? Und Eduard macht dir Arbeit, sag ich dir!“ rühmte Hermine, ohne je etwas gesehen zu haben. „Und umsonst wollen wir nichts“, sagte sie sehr bewußt.

„Ach Gott“, sagte Oswald, „'s ist wenig Raum für Zwei––“

„Na, wissen Sie, Herr Schwiegervater – – ich denke mir ...“ Bratpfann wollte nun umständlicher alles auseinandersetzen.

Aber Hermine ließ ihn gar nicht ausreden, das ging ihr zu langsam.

„Ich werd dir sagen, wie's gemacht wird“, rief sie lachend. „Nun wirst du hören und parieren, Junge“, gab sie dem Bräutigam in sein hellblondes Gesicht einen kleinen zärtlichen Backenschlag. „Bis zu Johanni bist du noch im Dienste, bis zu Johanni bin ich noch im Dienste. Dann kommen wir her. In Berlin wird die Hochzeit gemacht. Ach was, dummes Tier“, sagte sie auf einmal mit einem rüden Tone, „weißt ja längst, wie ich aussehe.“

Bratpfann war einen Augenblick fast ungehalten. Er wollte sie loslassen. Aber sie hielt sich an ihn und schwenkte sich auf seinem Knie gegen ihn hin und her und tat wie ganz harmlos.

„Na, na“, sagte sie, „brauchst jar nicht erst ein so böses Jesicht zu machen.“

„Na ja, aber wenn wir mit Vatern zu Rande kommen wollen", sagte er sehr streng und warf ihr einen mahnenden Blick zu.

„Jut also, wir heiraten dann um Johanni", ließ sie sich beruhigt an, „an einem Sonntage, wenn ich frei habe", (sie war noch immer Ladnerin) „kommen als verheiratete Leute her zu den Eltern."

„Wie denkt denn die Mutter?" fragte sorglich und besinnungsvoll Oswald und hatte Fritzel jetzt auf seinen Knien spielen.

„Die Mutter ist ganz einverstanden", sagte Hermine, die längst wußte, daß die alte Oswald von der feinen Art des Schwiegersohns genügend berauscht war, und jetzt selber nur die Feine spielte.

Sie kam in ihrem Sonntagskleide, was sie aufgeschürzt hatte, heraus und sagte: „Ja, Vater, ich dachte ..." Weiter kam sie nicht.

„Sie können versichert sein, Frau Schwiegermutter", sagte Bratpfann mit großem Ernste, „daß es uns glücken muß, die Konkurrenz hier zu besiegen."

Frau Oswald fand die Worte ungewöhnlich gewichtig, und auch Hermine hörte sie jetzt mit Versunkenheit.

„Wie es der Herr Bratpfann so sagt", meinte die Frau Oswald zum Alten.

„Nun, mein Gott", sagte der Vater nur wieder und stellte den Jungen auf die Beine, um sich einmal auszutreten, und sah ein wenig zernagt aus vom Sinnen. „Nun, mein Gott – warum denn nicht? Ein fleißiger Mann und ein mühsames Weib zusammen ..." Und er dachte an manches von früher.

Aber Hermine wippte schon wieder auf den Knien Bratpfanns und zerrte an seinem Nacken, daß die Mutter scheinböse nach ihr klapste und sagte: „Nein, schind' doch nicht den Mann so, Mädel", und versuchte gar neckisch, ihn aus der Umklammerung frei zu machen.

„Ja, machen Sie mich frei, Frau Schwiegermutter", rief

Bratpfann lachend. Es war eine ganz idyllische Gruppe, die sich da belustigte unter dem blühenden Apfelbaum, unterdessen der Wassertrog sein Rauschen und Klingen in die sonnigen Abendlüfte einspann. Hermine war wie berauscht an dem Tage. Sie wußte, wie sie abends den frischen Gesellen heißblütig zu sich ins Bett nahm, daß sie sich hier einbürgern konnten, wenn sie in der Stadt ihre Verhältnisse erst alle ins Reine gebracht und zu Johanni in die Bergheimat gekommen wären. Denn sie hing an der Heimat wirklich. –

Vater Oswald ging, wie der Pfingstbesuch hinaus war, die Gedanken noch manchmal alle unschlüssig durch. Wenn er dann wieder bei seinen Holzklötzen stand und eine Weile pausierte, und die Bilder vor sich und die Fragen wie leibhaftig sah, versuchte er sich noch einmal für das bisherige Alleinsein zu entscheiden so in die Luft. Aber das benahm ihm Frau Oswald zu Hause, der's der junge, gewandte Bratpfann, den sie jetzt auch stolz Schwiegersohn, sogar manchmal schon Eduard nannte, wirklich angetan.

„Was willst du? Arbeiten wird der können. Und Hermine ist keine solche." Als wenn sie alles Frühere vergessen hätte, so sprach sie dann, als wenn Hermine ein Engel vom Himmel gefallen, und wie ein Engel gelebt hätte. Aber das war, weil sie beide, der Alte und die Alte, das Kindel, den Fritzel, liebten wie einen Engel vom Himmel. Dieses Gefühl mochte an dem Vergessen hauptsächlich schuld sein.

„Arbeiten wird der können, und helfen die Kinder, könnten wir uns auch verbessern", dachte dann Oswald. Und Frau Oswald fand es auch vernünftig, daß man nicht ewig getrennt lebte, wenn man einmal zusammengehörte.

„Und überhaupt auch die Stadt. Sie verbringen alles; überall gibt's was, das man sehen und haben will, und alles kostet Geld. Und schließlich sieht man's den Leuten gar nicht an, wo so das viele Geld hingeht!" meinte Frau Oswald.

„Ja, ja ... nein, nein ... ach, mein Gott! Das muß wahr sein!“ sagte dann auch der Alte versunken.

Bratpfann hatte gleich Arbeit gefunden, wie sie beide, Hermine als seine Frau, bei den Alten Quartier genommen. In dem Gebirgsorte wurden an den oberen Hängen Landhäuser für Städter gebaut, und er stand tags in den kaum verputzten, kahlen Stuben pfeifend auf seiner Leiter und saß abends ausgelassen in der Laube. Oswald mit der Pfeife vor ihm, immer mit gutem, ein wenig ängstlichem Gesichte, und Hermine auf Bratpfanns Knien und an seinem Halse hängend, seinen leichten Witzreden zuhörend wie einem Orakel. Sie hatte übrigens auch kein schlechtes Mundwerk, und wenn sie mit der Mutter am Tage im Heu war, rann das hochtönige, zerfahrene Geplauder mit den schmollenden Backentäschchen, die sie hatte, und mit der Hängelippe, die sie gewichtig verzog, unaufhörlich wie ein Bach. Hermine ging jetzt wieder wie früher mit der Mutter in die Heuernte auf die Wiesen, und der Junge spielte dann um beide. Man hätte, wie Hermine jetzt wieder aussah, wenn sie ihren städtischen Staat vom Hals genommen und in ihrer dörflichen Dürftigkeit in der Einfachheit des Menschenleibes und seiner paar bäuerlichen Hüllen dastand, fast gar nicht denken können, daß die einmal weggewesen und schon sehr anders ausgesehen hatte.

Das war in der Zeit, wo die Sonne draußen lag, und der Mensch auch nicht drinnen sein mochte, wo Hermine sich gar wie eine junge Zwölfjährige mit Fritzel zusammen den Abhang herabkugelte, so daß sich das einfache Röckchen, das sie in der Hitze trug, zusammen- und beim hastigen Rollen fast bis zum Leibe heraufschob und ihren immer noch ganz zärtlichen mageren Gliederbau und ihre Mädchenschlankheit erkennen ließ.

Niemand als die Mutter war da weit und breit. Fritzel

jauchzte. Das Kind konnte davon gar nicht genug bekommen, und Hermine war wohl, wie einem grünen Gras in der Wiese, und die alte Oswalden war in ihrem roten Tuch, das sie wie einen Turban um ihr Grauhaar trug, auch zu allen Sprüngen aufgelegt, wie ihre knochigen Kühe, wenn man sie unversehens auf die Weide trieb.

Und alles ging ganz im Gleichmaß, wie auch noch das Kartoffelhacken auf den Herbstfeldern gekommen war – bis in den Winter. Da begannen kleine Mißhelligkeiten, die zuerst heimlich zwischen Mutter und Hermine allein ausgemacht wurden. Den alten Vater ärgerte zwar auch schon manches. Zum Beispiel daß allmählich Hermine und Bratpfann zwischen ihrem und seinem Stübel kaum noch unterschieden. Wenn er kam, fand er nicht Ruhe und mußte auf der Eckbank sitzen, wo er es doch gewohnt war auf der Ofenbank. Aber wo es am wärmsten war, gefiel es am Feierabend auch Bratpfann. Das waren so nur Kleinigkeiten. Das ließ der Alte noch alles ruhig zu und sagte gar nichts, nur daß er an solchem Abend ganz stumm blieb. Dann gefiel ihm auch nicht, daß Hermine so wenig Scham hatte. Schon das ewige Herumhängen am Manne, das Streicheln im Gesicht, wenn sie bei ihm saß, das Zupfen am Bärtchen und das Hindurchfahren durchs Haar. Es ging immerfort. Sie gab wirklich fast nie Ruhe. Das war einfach, weil sie auch gar nichts tat, sobald der Winter hereinkam. Das war allmählich der dunkle Punkt überhaupt für Vater und Mutter. Das Bettmachen am Tage und das bißchen Waschen der paar Hemd- und Tüchellumpen, sonst machte sie nichts als sich herumdehnen, wie es mit dem vergnügten Heutragen als lose Mähderin draußen auf dem Wiesenstreifen und mit dem fröhlichen Kartoffelhacken auf dem leuchtenden Herbstacker zu Ende war. Der Vater, der wirklich müde aus der Hüttenarbeit heimkam, sah es wohl, daß Mutters Arbeit immer mehr zunahm. Aber auch darüber sagte er eine lange Weile gar nichts, weil wenigstens Bratpfann für seine Art doch der Mutter genug zahlte. Nur begann sich der Vater heimlich zu ärgern, und der Ärger nagte ihm im Blute und machte ihn stiller und versunkener.

Auch einmal einen kleinen Streit hatte es zwischen Mutter und Tochter gegeben. Mutter konnte an einem Abend wegen einer Kuh, die kalben sollte, dem Vater nicht bis an den Berg entgegengehen, um ihm seine Holzaschensäcke auf der Radwer helfen emporzuziehen.

Gott, Hermine war früher hundertmal und tausendmal gelaufen, aber jetzt auf einmal sagte sie ganz großspurig, als die Mutter sie darum gebeten: „Mutter, das kannst du nicht verlangen. Was würde Bratpfann sagen, wenn er sein Weib angespannt wie einen Hund sähe?" Das war Frau Oswald geradezu stark, obwohl sie sich längst gesagt hatte, daß Bratpfann und Hermine, wenn sie Sonntags geputzt in die Kirche liefen, nun einmal etwas Besseres vorstellten als nur arme Dorfleute mit Karren vor sich und mit Schweiß und Schmutz in ihren Altersfurchen. Grob war die Mutter zwar zuerst doch geworden. Es war ihr rund herausgefahren: „Alberne, dumme Gans! was deine Eltern nicht schändet, wird dich nicht zerbrechen!" Aber sie sagte sich dann auch heimlich, wie sie schließlich selber gelaufen war: daß Hermine unbedingt das Ansehen wahren müßte, und sie sagte kein Wort dem Alten.

Im tieferen Winter aber kam die Sache insofern noch anders, als sich auch Bratpfann nicht übermäßig mit der Arbeit anstrengte, und viele Male bis in den Morgen im Bett blieb, Leib an Leib mit der Jungen. Daß sie dann mürrisch und bleich und fordernd waren, wenn sie endlich an den Tag kamen. Daß Hermine, weil sie nicht rechtzeitig ans Kochen ihrer kleinen Mahlzeit gedacht, sich an die Mutter hielt, mit deren Kartoffeln umging, als wenn sie ihr und des Bratpfann Eigentum wären, und so allmählich auch Mein und Dein im

Hauswesen arg ins Schwanken geriet. Und er – Bratpfann, wenn er dann die Arbeit in den kurzen Winterstunden verpaßt hatte, lief hinunter in die kleine Kneipe, wo er den oder jenen fand, um mit ihm einen Schnaps oder ein Glas Bier und noch manchen Groschen danach in der geballten Hand auszuspielen, unterdessen Hermine in Unruhe daheim nicht recht Zweck und Ziel fand, vernachlässigt in der Mutter Arbeit guckte, viel zu unentschlossen und lässig, um im entscheidenden Augenblick etwas anderes nur zu tun, als Fritzel auf der Seitenbank oder in der Wiege mit einigen dummen Neckereien zu amüsieren. Aber auch diese Zeiten brachten nichts Besonderes, und die Oswaldleute beide waren wirklich geduldig und trugen, was nur zu tragen war.

Auch daran gewöhnte sich der Alte allmählich, daß Hermine am Ende des Winters, wie's wieder wärmer wurde, im Häuschen manchmal derart herumlief, daß er es zuerst nicht begreifen konnte. Rundweg, wie sie aus dem Bette kam, die Haare dunkel gezaust um den Kopf hängend, in ihrem Hemdelumpen, der oben offenstand und kaum recht bis zu den Knien reichte. So rannte sie in den Kuhstall und war auch gar nicht erschrocken, mochte von den Hausleuten kommen, wer wollte. Die Liederliche war in den Wintermonaten wieder langsam aus ihr herausgekrochen. So im Hemdlumpen saß sie unter der Kuh und molk sich ins Glas und trank die Milch, wie sie warm aus dem Euter geflossen.

Das machte sie plötzlich, nachdem sie ganz pfiffig am Abendtische erzählt hatte, daß, wie sie es nannte, wieder was würde. Das war im Frühling, und den Sommer über wurde dann für die Alte die Last der Arbeit nicht leichter, als die Schmächtige wieder neuer Hoffnung voll einherging, und ihre Bewegungen bald nicht waren, um sich noch den Wiesenhang herabzukugeln. Aber das wäre das geringste gewesen, daß man für das junge Mutterwesen eine Menge Handgriffe mehr und manches in der Wirtschaft opfern gemußt, was man sonst selber auch hätte brauchen können.

Da kamen allerhand Dinge, die den alten Oswald innerlich trafen und in moralischen Aufruhr brachten. Vor allem, daß die jungen Leute sich in die Laube setzten, um sogar am Sonntagmorgen in der Predigtzeit die Karten zu schlagen und in das Glockengebimmel der Dorftürme, das der Wind an den Hang emportrug, zu spielen.

Hermine – weil Bratpfann, wie sie nicht mehr auf weitere Wege gehen konnte, darauf verfallen war, die Karten zu bringen – war plötzlich von einer ganz sinnlosen Leidenschaft auf das Kartenspiel. Wo sie daheim ging und stand, fand man sie hingelümmelt und in diese sinnlose Versunkenheit geraten. Oswald hatte niemals im Leben auch nur eine Karte angerührt. Er verabscheute das Spiel. Nun mußte es gerade passieren, daß Hermine mit ihrem schwangeren Leibe fast keinen anderen Zeitvertreib mehr zu kennen schien und in Stunden der Arbeit und sogar in den Feierstunden der Pfingsttage von dem Gebetbuch des Satans – so nannte Oswald die Karten – nicht mehr loskam. Darum benützte er einmal einen Feiermorgen, als er, vom Abendmahl heimkehrend, beide, Hermine und Bratpfann, in der Laube ganz im Eifer fand, ihnen ins Gewissen zu reden. Beiden. Denn keins von beiden hatte die mindeste Empfindung, daß das einen Menschen stören könnte, was sie gerade so köstlich amüsierte. Aber da merkte Oswald schon an den lächelnden Mienen, womit sie ihn ansahen, ohne sich zu rühren, daß sie im stillen längst über ihn hinaus waren und sich im Grunde über seinen Lebensernst nur lustig machten.

„Jott, Vater, die unschuldigen Karten", hatte Hermine zuerst gesagt. „Was tun dir denn die Karten?"

Oswald versuchte es ihr klar zu machen. „Die Karten", sagte er, „warum nimmt man denn überhaupt Karten?"

„Jotte doch", sagte Bratpfann aufgeblasen, „es jibt eine Abwechslung. Wenn einer nur immer dasitzt und in sich 'neinjräbt, wie Sie."

„Das ist", sagte Oswald tiefsinnig, „als wenn ich dresche, aber ich leg immer statt Körnerfrucht leeres Stroh unter. Ein Narr macht solche Arbeit." Er dachte sich das als Arbeit.

„Ist ja gar keine Arbeit", lachte Hermine vergnügt, die Kartenblätter auf ihrem Mutterleibe zum Fächer ausbreitend und nur auf Bratpfanns Spielentschließung gespannt.

„So", sagte Oswald, „was ist es denn? Ein Vergnügen etwa, aber mit was denn für Absicht?" sagte er wieder ganz gewichtig.

„Ich gewinne", rief Hermine lustig und hieb auf und strich ein und lachte Oswald an und sagte: „Ach, Vater, laß dein Gerede! Stör uns nicht!"

Oswald war den Jungen gegenüber sehr zum Kleinlauten geworden. Man konnte gar nicht denken, daß es schon so stand.

„Ich werd dir sagen", meinte Oswald, immer noch ganz bedächtig, „ich gewinn's; ja, was denn? Arbeit ist es nicht, und du gewinnst! was gewinnst du denn? Geld und Lohn will eins gewinnen ohne zu arbeiten, und das ist eben ein Laster, ein Satanswerk, weiter sag ich gar nichts."

„Ihr nehmt alles zu jewichtig, Schwiejervater", meinte Bratpfann, als er Hermine einige Pfennige hinschob.

Oswald hatte es gesagt. Aber die Tage im Sommer hörte es nicht auf, daß Hermine in ihrem Strickkörbchen die Kartenblätter bei sich führte, und daß sie die Mutter auch mit Kartenauflegen und tausenderlei Dummheiten von Schätzen, von Männern, die kommen und frohe Nachrichten von Gewinsten aller Art bringen sollten, und von Briefen, die Unheil verkünden würden, und so fort unterhielt.

Der Alte und die Oswald waren in der Zeit wirklich froh,

wenn sie einmal allein waren, das heißt, wenn endlich die Nacht gekommen war, und die drüben in ihren dicken Betten schliefen, unterdessen in der Balkenstube das Jungel in der Alten Schutz und Liebe, eingemummelt zwischen beiden kräftig atmete. Denn darin war Hermine klug, daß sie, was Fritzel betraf, den Alten ganz freie Hand ließ und den Jungen wie deren Eigentum ansah, mochte es sonst geben, was es wollte.

Bratpfann lief Sonntags immer noch sehr elegant, und hatte auch im Sommer genug verdient. Er bestritt die Unkosten, wie die Geburt gekommen war, ohne Murren. Das Kindel, ein zweiter Junge, kam ohne Umstände. Aber in Oswalds Häuschen war es damit enger geworden, als es schon war, und zudem begannen die Winteraussichten sich diesmal nicht übermäßig großartig anzulassen. Der Winter hatte ungewöhnlich früh eingesetzt mit Kälte, und die Wände waren dünn. Außerdem war auch mit dem Futter die Sache schwieriger, es war wegen Dürre weniger gewachsen. Hermine und Bratpfann nahmen, wo sie es fanden, um ihr Stübel warm zu machen, und wo sie es fanden, um ihren Topf mit Kartoffeln zu füllen und ihre Brotkeile mit Speck zu belegen. Der Mutter standen schließlich die Haare zu Berge, wenn sie heimlich dachte, wie es jetzt abwärts ging. Oswald hatte manches gespart. Aber jetzt ging alles hin, jetzt, wo wirklich eins mehr geworden war, das drüben schrie, und das ihrem Fritzel die Bissen kürzen wollte und die Milchschlucke.

Auch Oswald litt bald darunter, daß die jungen Leute in der Bedrücktheit, die der Winter ungewöhnlich früh hereintrug, sich wieder nur auf der Alten Arbeit schienen verlassen zu wollen. Das machte ihn bald einmal zum Herrn im Hause.

Hermine saß drüben im Stübel auf der Ofenbank, den kleinen Wickeljungen auf dem Schoß, ihm die Flache mit Milch in den Saugemund schiebend, weil sie zu faul war, ihm an der eigenen vollen Brust seinen Durst zu stillen. Und Bratpfann stand in der offenen Tür, er trug ganz gemächlich die dicksten Scheite hinein, die der Alte aus seinen mächtigen Lindenbäumen im Herbste zusammengeschlagen hatte.

Der Alte kam gerade zum Feierabend mit der Holzasche und der Laterne vor der Radwer im Patschwetter vor der Tür an, schlug sich das Schneewasser aus Mütze und Rock und sah es.

Es war dunkel im Hausflur. Nur aus der Jungen Stübel fiel das Licht. Dann auch gleich aus der großen Stube, weil Frau Oswald bei der Lampe den Vater schon erwartet hatte, und jetzt ebenfalls die Türe auftat. „Na! was denn? Wohin denn damit?“ fragte der Vater gleich, als auch die Mutter wie erstaunt hinsah.

„Wohin?“ schnippte Bratpfann in seiner leichten Schnodderart und warf krachend die Klötzchen am Boden nieder, drinnen, wo Hermine saß.

„Wir können auch nicht erfrieren“, gab die nur heraus, und ihre Lippen verzogen sich sehr ungnädig, und sie lachte halb schmollend zu Bratpfann.

„Erfrieren“, sagte der Vater, und trat nicht wie sonst zur Mutter hinein, sondern ganz wie in einer festen und unbeugsamen Entschließung gleich hinein zu Hermine, indem er sich den Berg Scheite lange ansah, der schon hinterm Ofen und am Erdboden gehäuft dalag.

„Das ist ja alles, was sein kann!“ sagte er nur sehr gelassen.

Aber dann wurde ihm die Sache doch zu heiß im Kopfe, daß ihm die Mutter gleich ansah, daß das zur Verwirrung führen mußte. Ewig war ihm der Jähzorn nicht aufgestiegen, aber das war ihm doch zu bunt.

Die Mutter war ihm nach auf die Schwelle gekommen, nahm ihm die Mütze ab, die er gar nicht in acht gehalten, sondern, naß wie sie war, ein wenig schief wieder aufgesetzt hatte.

„Komm nur, Vater“, sagte sie rasch und zog ihn am Ärmel hinaus an die Tür. Er folgte einen Schritt, weil er gedankenlos ohnehin in der Richtung ging. Aber dann machte er sich los und schrie heraus: „Wollt ihr uns denn um alles bringen, ihr Ludervolk?“ schrie er plötzlich in ganz kläglichem Tone; „das ist ja eine Luderwirtschaft in diesem Hause!“ Aber er ermannte sich.

„Na, hören Sie mal, Schwiegervater!“ sagte Herr Bratpfann sehr gelassen.

Hermine duckte sich, denn sie erwartete nichts Gutes.

„Wem gehört das Holz?“ fragte der Vater auf einmal streng.

„Nun, Ihrer Tochter werden Sie wohl –“

„Ich frage, wem das Holz gehört“, sagte der Alte nur wieder, und griff Herrn Bratpfann am Handgelenk, daß der die Kraft spürte, die ewig mit der schweren Axt umging.

„Nee, ach Vater, laß doch nur“, sagte ängstlich die Mutter.

Und Hermine sagte spitzig zu Bratpfann: „Du wirst dich wohl gar von dem Manne fassen lassen?“

Aber Oswald ließ sich gar nicht weiter auf Redensarten ein. „Wem das Holz gehört, will ich wissen, und rein weiter nichts“, sagte er, noch deutlicher jedes Wort betonend.

„Na, weißt du? Muttern ist das Haus und nicht deines“, schrie jetzt Hermine ihm entgegen, weil sie auch wütend wurde. Aber dann hatte doch die alte Oswald den Vater wirklich herübergezogen in die Stube, ehe es noch zu einem weiteren Kampfe und Streite gekommen war, und Oswald saß mit ängstlichen und kläglichen Augen auf der Ofenbank, und Bratpfann kam herüber und sagte, daß sie sich das nicht groß überlegt hätten; der Vater sollte es nicht übel nehmen; sie hätten gedacht, es hätte so dagelegen für alle im Hause und dergleichen mehr –: daß sie, wie noch die Mutter zum Guten redete, doch noch wieder ins Einvernehmen kamen, obwohl es keine gesunde Luft mehr war, in der sie allmählich im Häuschen lebten. Denn im Grunde waren diesen Winter auch alle Zuzahlungsverheißungen nicht übermäßig in Erfüllung zu bringen, weil Bratpfann jetzt nicht die Arbeit vernachlässigte, weil er wirklich nicht recht Arbeit bekam.

Das war noch so im November gewesen.

Im Dezember liefen die beiden jungen Leute, trotz dem mancherlei Mangel, eines Sonntagmorgens in die nahe Stadt, um Weihnachten einzukaufen.

Vater und Mutter Oswald saßen daheim und versahen die Kinder, und der Alte, weil sie einmal allein waren, ging in den Winkeln und Ecken zum Rechten sehen, das Jungel auf dem Arm oder irgendwo sonst neben sich. Auf dem dunklen Boden standen ein paar Schränke, die bunt bemalt waren – Urväterhausrat. Seit Menschengedenken hatte in einem dieser Schränke Oswald seine kleinen persönlichen Wertsachen. Nicht viel. Aber Frau Oswald wußte, daß ihm dieser Schrank ein Heiligtum war, daß niemand ihn groß berühren durfte, ohne wie einen leisen Schmerz in ihm aufzuregen. Dort drinnen hing vor allem auch, was er zu Begräbnissen, weil er manchmal Träger war, brauchte. Der Schrank nahm eine große Breite ein. Es hing da drinnen der lange Schoßrock noch vom eigenen Vater, der mit einem verblichenen Sammetkragen versehen war. Oswald sah darin unglaublich würdig aus, wie ein alter Schulze, noch dazu, wenn er die rauhhaarige schwarze Esse von Hut auf seinen grauen Kopf nahm, und ihm aus den langen Schößen das bunte Nasentuch hinten heraushing. Oswald hatte den Schlüssel an sich genommen und war hinaufgegangen, um unter den Sachen wieder einmal zu sichten und zu kramen. Der Junge spielte um seine Beine, wie Oswald auch unter den Dachsparren herumkroch.

Dann hatte Oswald den Schrank langsam knarrend aufgeschlossen. Die Mutter kannte den Laut durchs ganze Haus. Oswald hatte am Nachmittag den alten Schmied mit zu begraben und drehte darum zuerst an seinem Begräbnisrocke. Er strich an ihm herab und horchte dann auf, weil er sich erst vergewissern wollte, daß Frau Oswald nicht weiter aufmerkte. Das tat er immer. Er wollte nicht, daß sie groß wußte, was er noch da drinnen verborgen hielt. Die Mutter tat auch so, als ob sie gar nicht von ferne sein bissel Sparen ahnen konnte. Deshalb bewegte sie unten Töpfe und Kannen mit lautem Rumoren und brachte ihn ganz in Sicherheit. So hatte Oswald also auch ruhig seinen rauhhaarigen Zylinder wie einen Topf aufgehoben und war an die Kammerluke ins Licht getreten, um sorglich hineinzugreifen und herauszulangen – das alte, böhmische Tüchel zum Knoten gebunden, worin eine Rolle Geldes verborgen war. Aber er mußte es ein paarmal um und um drehen, weil ihm die Sache gleich nicht ganz richtig war.

„Die Sache sieht ganz sonderbar aus", sagte er gedankenlos vor sich hin.

Er drehte und wendete das Knotentüchel und erkannte sofort, daß sich jemand mit der Packung zu schaffen gemacht und alles in besonderer Weise wieder zusammengebracht hatte. Aber er dachte trotzdem nicht an Böses. Er lief noch einmal zurück zum Schranke und untersuchte am Schlosse. Am Schlosse war nichts. Nur daß im Schranke die großen Fausthandschuhe auf der rechten statt auf der linken Seite lagen. Im Grunde kann man sich einmal versehen, dachte Oswald flüchtig und kam zum Fenster zurück. Hier versuchte er die Packung im Lichtschein zu lösen, weil er den Verdacht überwunden und schließlich gedacht hatte: einmal kann man auch anders gepackt haben. So breitete er sogleich das Tüchel auseinander, daß er das Geld darin bald in der flachen Hand hielt, ohne damit auch nur eine leise Bewegung zu machen, die zum Klingen Anlaß gegeben. Aber da wurden seine Mienen immer länger und immer sonderbarer. Das stimmte ganz und gar nicht. Er zählte ... noch einmal ... und wieder ... hastiger allmählich ... weil er seit Menschengedenken gewöhnt war, hier seine kleine Barschaft in seiner schwarzen Esse von Hut aufzuheben, und er niemals auf eine Irrung oder sonstige Beunruhigung gestoßen war.

„Aber das ist ja – das stimmt ja ganz und gar nicht! Mehr als die Hälfte fehlt", schrie er plötzlich, „mehr als die Hälfte hat das Gesindel ..." schrie er, aber vollendete nicht, kam nur mit eiligen Schritten die knarrende Treppe niedergehastet und gab in seiner Erregung so wenig acht auf den Jungen, daß die Mutter ihm ängstlich zusprang, weil der Alte das Kind beinahe noch die letzten Stufen mit herunterriß.

Oswald sah gar nichts. Er gab auf nichts acht, als daß fast vierzig Mark, in Gold das meiste, und ein paar Silberstücke, in seiner Barschaft nicht zu finden waren.

„Sieh nur noch einmal nach", mahnte die Oswalden. Sie nahm gleich ein Laternel vom Sims und ging wieder mit ihm, unten am Treppenpfeiler vorerst umständlich anzündend. Sie suchten nun oben, beide. Auch Frau Oswald war jetzt in große Aufregung geraten.

„Das wär wohl doch gar", sagte sie, „wenn wir im eigenen Hause nicht sicher wären! Wir werden doch nicht Diebe im Hause haben."

Oswald war wie im Fieber, er sprach gar nichts, er untersuchte alles, er überlegte. Nur mit dem Schlüssel selber mußte jemand die Tür geöffnet haben ... einer in der Nähe ... einer, der alles aufs vertraulichste kannte. Das lag offen.

„Ist denn am Schlosse was?" fragte ängstlich Frau Oswald.

„Ach, sei still, nichts ist", sagte er, und dann hastig und pfiffig vor sich hin: „Diebe haben wir im Hause. Sprich nicht,

Mutter. Jedes Wort, was man jetzt redet“, sagte er, aber er vollendete nicht.

Die Mutter weinte. Sie sah Oswald an, daß er mit einem Entschlusse beschäftigt war. Sie sprachen nichts weiter. Die Mahlzeit verging fast schweigend. Oswald bereitete dann alles vor für seinen Begräbnisgang. Er stand auch noch eine Weile im Türrahmen, innerlich völlig zernagt wie die Mutter, die ordentlich wie von einem Schrecken erfaßt und verstört aussah. Und der Vater sagte, ehe er mit Würde hinaus- und den Hang dann hinunterschritt:

„D a r u m können die ihren Weihnachten kaufen, Mutter“, sagte er mit ganzer bebender Entrüstung.

„Ach, um Gottes willen, Oswald, du denkst doch nicht etwa ...“

„Denken, ach was, ich will Gewißheit – – das kannst du sicher sein. Und wenn die Sache wahr ist, wie sie scheint – muß das Lumpenpack ’naus aus dem Hause, eher heute wie morgen.“ Er ging streng und aufrecht und hatte wie eine Hoheit im Schreiten und sprach auf dem Wege noch vielmal einsam mit sich selber.

Am späten Nachmittag, als Oswald in dem alten langen, vergilbten Großvaters-Gottestischrock und dem mächtigen, schwarzen Hute sehr gewichtig den kleinen Fußweg zum Häuschen heimschritt und dann eintrat, wobei er sich tief bücken mußte, als trüg er eine Leiter, saß Frau Oswald am Tische, den Kleinsten im Wagen still nörgelnd neben sich, während Fritzel mit Papierschnitzeln spielend sich beim kleinen Lampenscheine unterhielt. Es schneite draußen in großen Flocken. Die jungen Leute waren noch nicht daheim.

Oswald hatte es in seinem Blick, wie wenn er verfolgt wäre. Die Mutter sah ihn an. Seine großen blauen Augen schienen wie in kindlicher Angst. Er war ganz glatt rasiert an dem Tage, und die straffe rote Haarkrause, die er um Kinn und Backen trug, stand stachlig und zerwühlt, ohne daß er es beachtet hatte. Er schüttelte den Schnee ab, ohne daß er groß etwas sagte.

„Guck mich nur nicht immer an, Mutter“, meinte er schließlich, weil er merkte, daß Frau Oswald seine innere Unruhe gleich erkannt hatte.

„Nun, Jesus, guckt die Katz den Kaiser an“, sagte die ein wenig unzufrieden, aber sie ließ ihn ruhig weiter hantieren und strickte fort und sah zu den Kindern, um den ganzen Wechseleindruck zu verwischen.

Oswald hatte sich bei dem Begräbnisse des Schmiedes, während er die Last des schweren Holzkastens von Sarg auf den Schultern fühlte, nicht losmachen können von dieser ganzen erschreckenden Tatsache, die ihm am Morgen so im Sonntagsfrieden plötzlich klarer und klarer geworden war. Es drehte sich auch jetzt um nichts anderes in seinen Gedanken, als er Rock und Zylinder zunächst eine Weile in den Winkel neben den Ofen hing, damit die paar Wassertropfen vollends in die Luft verfliegen konnten. Er dachte zurück, und die Sache nagte in ihm und kam und ging, wie im Kreise.

So kam es und so ging es, daß er zuerst immer von neuem durchmachte, wie er selber vor dem Schranke stand, in leisem Staunen, nestelnd an seinem Geldpäckchen, fast starr, wie fremde Hände daran hatten arbeiten und binden können, dann es öffnend, das verknotete Tüchel, und dann die ihm wohlbekannten paar Goldstücke in dem aufgetanen Lappen musternd, bis endlich dieser Gedanke ihm aufsprang, der in ihm einschlug wie Blitz und Hölle.

Es ging noch immerfort in demselben Gange. Es ging wie sein Holzhacken, wie er Wurzelstock um Wurzelstock nahm, fast immer denselben, ihn ansah und durchschlug und auseinanderlegte, fast immer an derselben Stelle den Knorren sprengte mit dem Keil und ihn dann, fast zufrieden, von ihm einen Augenblick los zu sein, beiseite warf. Einer ging, und derselbe kam wieder und mußte neu durchschlagen sein. Das war im Grunde ein alter müder Schädel, so ein rechter Holzhauerschädel, der seit zwanzig Jahren dieselbe Runde machte um sich selber, und die Art seines inneren Tuns hatte davon sein Gesetz und seinen Zwang erhalten, auch jetzt in seiner Sorge.

Übrigens gab Frau Oswald ihrem Unwillen Ausdruck, daß die Jungen noch nicht daheim wären, und sah an die Uhr.

„Die scheinen sich ein Fest zu machen", sagte sie. „Aber Vater, Aufklärung müssen wir bald haben", setzte sie dazu, als sie den Vater ansah, der sich eine Tasse aus dem großen Kruge vom Herde selber vollgoß.

„Nun, das versteht sich", sagte der nur wie gleichgültig. Aber weiter sagte er nichts. So daß der Abend stumm fortspann.

Fritzel schäkerte mit dem Großvater, als er dann auf der Ofenbank saß. Er schlich sich seitlich an, hob seinen kleinen nackten Fuß, um dem Alten an die vorgesunkene Nase zu stoßen und ihn aufzuwecken, und wie der Alte gemerkt hatte, was der Kleine wollte, war er erwacht, übertrieb seine hängende Stellung und fuhr dann launig zurück, daß das Kind herzhaft lachte, nicht Ruhe gab und auf der Bank herumtorkelte, daß es bald gefallen wäre.

„Macht's nur nicht zu arg", sagte Frau Oswald, kaum vom hastigen Gestricke der derben Socken aufblickend, die noch zwischen den Zähnen die unvollendeten Zahlen der Schlingen schweben hatte.

„Du mußt aber jetzt artig sein, Fritzel", mahnte auch der Alte. Aber Fritzel störte das gar nicht, so daß, zuerst leise, das Spiel sich immer bis zum Tollen wiederholen mußte.

Draußen im Stalle war noch Arbeit zu tun, die Frau Oswald sogleich auch unternahm. Fritzel wollte die Laterne tragen. Er bekam alles. Vater Oswald ging hinter ihm als getreuer Eckhart. Er sah sorglich auf des Kindes schwankende Schritte, und die Mutter kam dahinter mit dem Melkeimer. Nun saß Frau Oswald schon unter der Kuh und strich die Milchstrahlen rauschend in das Blechmaß, nebenbei Fritzel seinen Becher füllend, damit auch er zu tun hatte, und Oswald war wieder in die Stube gegangen, ohne recht zu wissen, was in seiner inneren Unrast anzufangen. Bis er sich einsam zum Gesangbuch setzte und aus einem Kirchenliede sich Verse murmelte zum Trost.

Die Nacht kam stumm. Der Schnee sank ums Haus. Eine unbegreifliche tiefe Todesruhe sank in die weiten Gebirgstäler, die jetzt von Nachtschleierwerk ganz und gar eingehüllt und zugedeckt waren. Unheil brütete leise. „Mögen sie kommen, wie sie wollen“, dachte Oswald mitten in seine heiligen Verse hinein. „Ich bin ein Hausvater“, sagte er im Vollgefühl laut vor sich hin. Und dann wandte er sich, mit einem Zwang fast sich abwendend, dem Worte neu zu, das die Verse des Buches ihm zuführten, um an diesem Faden aus seinem Hasse herauszufinden.

„Man kann es immer noch nicht wissen“, rief er dann gewichtig mitten hinein; „immer noch nicht“, murmelte er weiter in sich, die Hand in den dünnen Haaren wühlend, durch die der Lichtschimmer aus der kleinen, trüben Hängelampe fiel, weil der Sinnende und Vertiefte nun allein am kahlen Tische in deren Scheine saß unter den alten Teerbalken der ärmlichen Dunkelstube.

Aber auch die Arbeit im Stalle war getan. Auch Fritzel ins Bett gesteckt. Auch das bißchen Abendsuppe hatten die Alten mit ein paar Brotkeilen aufgelöffelt. Die ferne Uhr am Dorfkirchturm hatte längst neun Uhr geschlagen, gerade als Frau Oswald wieder einmal auf die Schwelle in die Nachtschneewirbel getreten war und gelauscht hatte, ob nicht jemand zu hören wäre. Auch der Kleinste in seinem Wagen war längst in der Bratpfannleute Stube geschoben. Es war auch rein nichts von den jungen Leuten zu entdecken und zu hören gewesen.

„Was machen wir denn nun?“ sagte die Oswalden.

„Warten“, sagte Oswald streng, der sich immer noch ins Buch versenkte, und der nun sogar einiges wie zum Zeitvertreib nachsah.

„Ja, ja, man möcht was aus der Bibel hören“, sagte die Mutter, als sie an den Tisch trat, „daß man sich stärkte!“ Sie hatte nicht genau hingesehen.

„Aber Jesus, Vater, wer weiß, wie die heimkommen, wenn die so den ganzen Tag rumgelüdert sind!“

„Mögen sie kommen, wie sie wollen. Wie sie kommen, werden sie da sein.“ So verging Stunde um Stunde, und es kam niemand.

Die kleine Frau Oswald hatte auch versucht, durch die Brille auf die Buchstaben zu sehen, und war schließlich seitlich eingenickt. Und der Vater sog an seiner Pfeife, die er in Brand gesteckt hatte, damit sie sich gegenseitig, die Pfeife ihn und er die Pfeife, wachhielten, er sog, ein Weilchen schon zurückgelehnt immer, dann wieder geschäftig, manchmal auch noch die ganz kleinen Augen auf die alten großen Buchstaben im Gesangbuch bannend. Aber alles kam schon wie im Traume.

Da hörte man plötzlich Lärm und Lachen.

Oswald sprang auf wie gestochen. Er riß die Mutter aus ihrem Schlafe, die gar nichts gemerkt hatte. Oswald war gleich hoch aufgerichtet, wie er sonst nie aussah. Die Mutter rekelte sich, die es noch gar nicht verstand.

„Was ist denn?“

„Sie kommen.“

„Wer denn?“

Man hörte jetzt Bratpfanns leere Tenorstimme mit einem leichten Lallen reden und lachen.

„O Jesus, ach nein, Vater! Mach nur nicht erst auf“, sagte sie jetzt plötzlich ebenso erschüttert.

„Stille“, sagte Oswald, wie wenn er Räuber erwartete, die die Türe sprengen und mit Gewalt eindringen würden, so gespannt und gewappnet war er.

„Die haben Laune“, murmelte und lachte Oswald sinnverwirrt vor sich hin.

Die Pause, die es machte, daß die Heimkehrenden sich, laut und rücksichtslos, wie am hellen Tage redend, die schweren Schneelasten geräuschvoll abschüttelnd, im Flure unterhielten, war gut.

Das Wilde in Oswald sank unterdessen zusammen, weil er selbst zur Türe hingehen und sie auftun mußte.

„Da“, sagte er, „ihr kommt ja recht zur Zeit!“

„Ja, lieber Schwiejervater“, lallte Bratpfann, kam auf ihn zu und umarmte ihn fast, so nahe an ihn langend, daß der Schnaps ruchbar wurde. „Ja, mein Schatz fand nirgends fort ... blieb doch hängen allerort“, tänzelte und sang Bratpfann lallend.

„Nein, Mutter, sieh nur – bitte – hier! was ich bringe! Mutter – sieh einmal!“

Hermine, die ganz strahlend war von Gutmütigkeit und gar nichts ahnte, begann schon auszupacken an Pfefferkuchen und kleinen Zuckersachen und legte auch schon ein Stück neben das andere auf den Tisch. Und auch Bratpfann hing noch immer lallend an Oswalds Arme, ohne zu sehen, was unterdessen in Oswald vorging. Der starrte nur Hermine und ihr Tun an, starrte jeden Zuckertaler an, den sie sorglich herausnahm, jeden Pfeffermann, den sie mit Rauschaugen lachend aufstellte, noch wieder lachend, wenn er zufällig umfiel, starrte sie und den lallenden Bratpfann an ... und schrie plötzlich, wie vom bösen Geiste besessen, aus Leibeskräften, und geängstigt wie im Wahnsinn: „Das ... alles ... alles ... alles ..." Der Ton blieb ihm in der Gurgel stecken: „Das alles ... alles ... ist gestohlen ... gestohlen", fand er endlich Worte, „gestohlen ... es ist Diebstahl ... alles gemeiner Diebstahl", schrie er, womit er atemlos auf die Bank zurückfiel wie getroffen.

Hermine war sogleich wie eine Schuldige geflüchtet.

„Na ... na ... na ..." lallte Bratpfann, nüchtern geworden, beim ersten Tone, und schwankte in gemachter Festigkeit Herminen nach, in der Tür zurücklachend:

„Na nu man keine Hitze nich, liebe Schwiejereltern", lallte er höhnisch und warf die Tür hinter sich zu.

Frau Oswald rang mit Oswald, daß er bliebe. So daß ihr erstes Halten und ihre hastige, eindringliche Überredung, die sie mit gedämpfter Stimme in dem Ofenwinkel neben der Tür führte, wohin sie ihn gedrängt hatte, doch Einfluß gewann, daß Oswald langsam unter die Lampe kam, bleich und zitternd, und daß beide dann hörten, wie die Jungen ihr Stübel von innen verschlossen. Da konnte die Mutter den Alten auch allmählich bewegen, die Kleider langsam und zögernd abzutun und sich endlich ins Bett zu verkriechen. Aber auch aus dem Schlafe irrte er ein parrmal auf und horchte im Hemde ins Haus.

Am andern Tage wurde es klar gemacht, wie es der Vater gesagt hatte.

„Naus mit Sack und Pack", hatte er gesagt. „Das Gericht rufe ich nicht. Die Schande fiele auf mich", sagte er. „Was klar ist, ist klar", sagte er zu Bratpfann. „Dein Weib oder du ..." Bratpfann war entrüstet. Er selbst schien in der Tat ziemlich unschuldig. Nur daß er das Geld mit vertan hatte.

„Mag's auch dein Weib allein sein, das ist, wie's will. Diebe im Hause, nein."

Und so zogen sie mit Sack und Pack in ein Stübel oben in einem kleinen Häuschen fast am Walde. Eine Bekannte Herminens, die dort verheiratet lebte, gab es ihnen gern in Miete. Dort saßen sie, wie sie unten gesessen hatten. Niemand wußte mehr, als daß ein Streit wie immer gewesen, aber die Eltern hüteten sich ebenso wie Hermine oder Bratpfann, genaueres laut werden zu lassen.

„Wir sollen Muttern Holz jenommen haben, wo doch auch Hermine ein Anrecht hat", log Bratpfann großspurig nur einmal so nebenhin. „Was geht auch mich an, was die Olle redet!" lachte er dann und tat, als wenn er um die Sache gar nichts wüßte. Hermine aber kochte heimlich. Sie begriff alles sehr wohl. Und sie verstand auch das Kunststück, es so zu werfen, daß die Stürze immer auf den Topf fiel.

Zuerst hatte sie sogar gesagt: „Es ist viel besser, daß wir gehen, denn sonst weiß Mutter nie, was mein und dein ist." Das war kühn.

„Dummes Getue vom Vater! Als ob es überhaupt nicht reine Erfindung wäre, daß jemand in seinem Häusel sollte was gestohlen haben." Oswald hatte es ihr im Zorne vorgerechnet, und Bratpfann war richtig erschrocken zuerst, wie die Sache verlaufen müßte, wenn der Alte die Polizei anriefe.

Aber schließlich hatte Hermine auch wieder gesagt: „Glaub doch kein Wort von alledem! Der Vater war immer vergeßlich, wer weiß, was der gezählt hat und sich einbildet." Geschickt war sie. Ihre Schmollelippen hingen wer weiß wie weit herab in der ganzen Zeit.

So saß Hermine mit dem Kleinsten oben am Waldsaume in dem kleinen Häuschen und wartete. Denn daß die Mutter doch hinter ihr stünde, darauf hatte sie sich verlassen, weil das sonst immer so gewesen war. Aber wie nun auch die Mutter sich bei ihr gar nicht sehen ließ, kamen allmählich in Hermine gegen beide Eltern Niederträchtigkeiten auf, und sie überlegte, was zu tun sei.

Um Weihnachten hatte Bratpfann ein wenig Arbeit im Gasthaussaale. Als er eines Abends heimkam, sagte sie: „Weißt du, daß die Alten so denken, Fritzel ist ihre, das stimmt auch nicht." Mehr sagte sie an dem Abend nicht, weil Bratpfann ganz ruhig war, dem an einem zweiten Kinde in dem engen Raume nichts gelegen sein konnte in der dürftigen Winterszeit. Nur in ihr ging der Gedanke seitdem um und wurde immer gewisser und bestimmter.

„Wenn die Mutter nicht kommt", sagte sie zwei, drei Tage vor dem Christabend, „hole ich mir den Jungen zu uns. Dann mögen d i e Weihnachten feiern, mit wem sie wollen!"

Sie wußte, was sie sagte.

Bratpfann malte immer nach seiner Anstreicherarbeit unten im Kretscham am Abend an einem Gemälde mit Hirschen und Waldgegend an ihre kahle Bettwand und regte dabei die Lippen sehr versunken und hatte wie auch sonst wenig Sinn für die Schwere und den Ernst von Herminens Gedanken. Aber wie Bratpfann am andern Tage heimkam und von Mutter und Vater noch nichts zu sehen gewesen, war Hermines Entschluß plötzlich gefaßt. Mit großer Verfänglichkeit hatte sie beim Eintreten Bratpfann nur um den Hals genommen und gestreichelt, aber von dem heimlichen Ärger an dem Tage noch gar nichts weiter erwähnt. Erst wie sie schäkernd ins Bett krochen, sie lose und leichtfertig im offenen Hemdfetzen, und er sie an ihren zärtlichen kleinen Brustzipfeln berührte, da sagte sie bestimmt in sich versunken:

„Du, ich weiß, wie ich die Alten hier heraufzwinge."

Bratpfann war auch noch vollends klar geworden in der Nacht, daß es so und nicht anders zu machen, und daß eine Rechtsverletzung der andern wert wäre.

„Der Junge gehört uns. Du bist der Vater, du hast ihn als Vater anerkannt. Du hast darüber zu bestimmen, niemand sonst." Mit diesem Worte gingen beide am Morgen ins Mutterhäuschen, wo sie wußten, daß niemand außer der Alten zu Hause war. Frau Oswald stand wie immer in ihrer dünnen Kattunjacke in der Stube und stampfte Kartoffeln. Der Junge spielte neben ihr, ohne die Eintretenden groß zu beachten. Daß die jungen Leute kamen, war ihr nicht wunderlich. Die Alten hatten es längst erwartet, nur nicht in der Absicht, wie jetzt. Aber von ihrer Absicht verriet Hermine zunächst gar nichts.

„Nun", sagte die Alte und wischte feierlich einen Stuhl rein wie für einen, der zu Besuch kommt.

„Laß nur das, Mutter", sagte Hermine, dadurch ein wenig verlegen gemacht. Aber Bratpfann war dabei, der die Rede gleich in andere Geleise führte.

„Wenn ihr jlobt, wir kommen ... Ihr habt uns beleidigt, wie sonst niemand. Wenn ihr jlobt, daß wir zu euch kommen ..."

Hermine war das fast zuwider, daß er gleich so mit der Tür ins Haus fiel.

„Laß doch, Jesus", sagte sie, „warum redest du denn? ... Was ich mit der Mutter hab ..."

Das war eine kluge Wendung, damit der Mutter Liebe noch Zeit hatte aufzuwachen. Aber darin dachte Hermine für den Augenblick zu hoffnungsvoll, Frau Oswald saß auch noch ganz in sich, obwohl sie jetzt in Klagen ausbrach.

„Habt ihr euch denn das nicht überlegt, daß der Vater wieder gut gemacht werden muß! daß ihr zum Vater kommen müßt?" redete sie.

„Weswegen?" sagte Hermine.

„Weswegen?" sagte Bratpfann.

Und nun begann von neuem ein Anklagen und Leugnen, und die Aufwallung in Hermine trieb Bratpfann zu Hohn und Verdächtigungen – – und die Tränen in der Mutter lösten Zorn und Abwehr in Herminens Reden – – halb aus Mitleid und auch, um das Geschehene zu verhüllen. So war schließlich ein Aufflammen und Zetern und Zürnen neu entbrannt, alle Schmach in den Jungen fühlbar, die Ansicht, daß die Alten je zur Vernunft kommen würden, neu im Zerfallen, und Hermine immer ungebärdiger, Bratpfann immer höhnischer und gemeiner. Aber auf einen Überfall hätte sich Frau Oswald trotz alledem nicht gefaßt gemacht. Daß sie schließlich dastehen würde, so wie sie nun dastand, als Hermine mit Bratpfann hinaus war, das überstieg alle mögliche Erwartung.

Hermine nämlich hatte sich schon in eine wahre Raserei hineingeredet, den Vater allerlei dummen Wahnes verdächtigt, hatte in ihren Lippen fast Schaum hängen gehabt und Frau Oswald nicht geschont mit Schmutzreden, als das Weinen Fritzels ihr ihren eigentlichen Plan ganz plötzlich vor die Augen gerufen hatte unter dem höhnischen Gelächter, das aus Bratpfann hervorbrach.

„Einem solchen Weibe, das uns so beschimpft und als Diebe beschimpfen läßt", hatte sie geschrien, „soll man seine Kinder lassen!? Niemand hat das nötig! Komm mit, Fritzel", hatte sie nur schäumend ausgestoßen, und Bratpfann hatte ihn sofort emporgenommen, weil der Junge durchaus nicht von der Schürze der Großmutter abzureißen war. Die Großmutter hatte um den Jungen gerungen. Sie war an die Tür gelaufen. Sie wollte Bratpfann nicht hinauslassen. Aber Hermine war stark gewesen wie eine und frech: „Mach dich fort mit ihm, mag er flennen", rief sie... Und sie hatte die Mutter im Handgemenge zurückgestoßen, hatte die Tür aufgerissen, den Mann mit dem Kinde hinausgeschoben, hinterdrein laufend, was sie konnte, und hatte nur noch den furchtbaren Aufschrei der Alten gehört, die gleich darnach wie eine Besinnungslose, ein Tüchel um die Haare und ein Paar schiefe Schuhe an den Füßen, am Hange hin zum Hüttenwerke rannte, um Oswald von dem Geschehenen unverwandt Nachricht zuzutragen und Hilfe zu suchen.

Das Häusel der Oswaldleute war eine traurige, dämmerige Hütte. Weihnachten war gekommen, und der Morgen, wo die Mutter Oswald sonst mit Fritzel dasaß und Nüsse band an Goldfäden und Äpfel umklebte und bunte Lichter schnitt vom Wachsstock, und wo das niedrige Stübel erfüllt war vom Tannenduft, und das niedrige Bäumchen auf dem Tische in dem engen Raum bis zur Decke stand. Die Mutter Oswald hatte sich nicht zufrieden gegeben, zu weinen und zu weinen. Oswald hatte im Schnee draußen auf dem Hüttenplane gestanden, gebeugt und versunken, Wurzelstock um Wurzelstock spaltend bis zum Abend.

Mutter Oswald war längst zu allen Nachbarn gelaufen.

„Der Mann geht zugrunde. Der überlebt das nicht!“ hatte sie auch vor dem Gemeindevorsteher geweint. Es stand wirklich schlimm um Oswald. Zu Hause tat er gar nichts. Er war rein wie erstarrt. Und in der Weihnachtsnacht, wie sie endlich fest geschlafen hatte in ihrer Not, hatte er beim Lichtstumpf vor der leeren Wiege des Jungen gesessen, die noch zwischen ihren Betten stand, hatte hineingestarrt und war wie ratlos gewesen. Das sah dann Frau Oswald, und es zerriß ihr noch mehr das Herz.

Die oben verharrten jetzt, wie es lag.

„Die Alten müssen kommen“, sagte Hermine. Sie hatten genug eingekauft, daß sie den beiden Kindern sehr gewichtig ihren Christabend hatten machen können. Das schien alles ganz zu stimmen. Unterdessen die Alten wie ausgetrieben aus ihrem Leben herumirrten und nicht zu sich kamen. Frau Oswald war wie abgehetzt. Sie war sogar heimlich oben gewesen – am Spätnachmittag. Sie hatte, weil sie zu früh Vater abholen ging, um seinen Schlitten mit heimzuziehen, einen Umweg schließlich nicht gescheut. Im Dunklen war sie gegangen ohne Laterne, die sie ausgelöscht bei sich trug, sobald sie an die oberen Hänge kam. Leute, die sie begegnete, fürchtete sie und huschte vorüber. So kam sie, bis wo Hermine im Stübel schon beim kleinen Baume saß, den sie eben angezündet hatte. Fritzel saß vergnügt darunter. Bratpfann saß auf dem Eckstuhl und rauchte, als wenn nichts wäre.

Zuerst hatte Mutter Oswald hinein gewollt, etwas Unsinniges tun. Sie stand, und die Tränen sprangen ihr aus den Augen.

Aber dann trieb es sie wie gescheucht von dannen den Hang hinab, daß sie fast um den Atem kam, wie sie endlich Halt machte.

So gingen die Tage hin, ohne daß ein Friedenszeichen sich auch nur von ferne gezeigt hätte. Ein paarmal wagte Mutter, der Idee vor Vater Raum zu geben: „Soll ich nicht einmal mit Hermine reden, Vater?"

„Was?" sagte er nur, „die wissen, was sie tun"; aber er sagte nichts weiter.

Bleich war er, eingefallen, nicht groß gekämmt an den Feiertagen, weil es sich nicht zu lohnen schien. Ohne den Jungen lohnte sich nichts für den Alten. Er lag richtig darnieder. Er aß nicht. Was ihm die Mutter wirklich aufzwang, sonst gar nichts. Nachbarsleute, die am Festmorgen gekommen waren, einmal hereinsehen, waren ganz erschrocken und stumm geworden. Die dicke Nachbarin sagte gleich offen: „Na, ihr habt euch 'ne Pflanze gezogen. Noch gar das bissel Kindel, das ihr aufgenommen, will sie euch abwenden!"

Am zweiten Feiertag waren beide Alten in die Kirche gegangen. Gebeugt und ohne Rede stand der Mann, und die Mutter sagte es allen, die es hören wollten, heimlich ins Ohr:

„Hermine hat uns doch das Kind genommen. Der Mann erträgt's nicht. Er sitzt nachts am leeren Bette und flennt", sagte sie, wobei auch ihr jedesmal die Tränen kamen. Man staunte heimlich auf Oswald, wie bleich und teilnahmslos er aussah. Aber schließlich mußte auch jeder zugeben, daß eben die Eltern die Macht hätten und das Recht, und es kam zu nichts weiter.

Übrigens waren auch Bratpfann und Hermine zur Beichte und zum Abendmahl gewesen. Darauf hatte Hermine gehalten.

„Ich habe nichts gegen die Eltern“, hatte sie der Nachbarin jetzt mit sorgloser Miene gesagt, „wenn sie kommen, soll's mir recht sein.“ Ganz erhaben sagte sie es, und hatte sich mit neuen Bändern gehörig aufgetakelt, und Bratpfann kam mit seinem Stöckchen, das er schwenkte draußen vor der Kirchtür.

So gingen die Tage hin.

Aber endlich sah Frau Oswald keinen Ausweg mehr, als doch gegen den Jahresschluß das Jungel heimzubringen, mochte es kommen, wie es wollte.

„Der Vater stirbt mir richtig“, dachte sie, denn es war bei ihm kein Aufwachen.

Man kann sich auch nicht denken, wie der Mann abmagerte in diesen Tagen. Er war gar nicht anzusehen. Er schlich gebeugt hin. Er schlug in die Wurzelstöcke die paar Werktage vor Sylvester, daß ihm bei jedem Schlag ein Schweiß ausbrach und er wie im Bade saß. Er trank schließlich fortwährend Wasser bei der Arbeit und zu Hause. Mit offenen Augen schlief er. Ein paarmal kamen Schrecknisse bei Nacht in ihm auf. Er hatte aufgeschrien. Er hatte das Kindel jammern hören. Die Mutter mußte ihm einen Tee kochen, damit die blutgefüllten Angstaugen, die dann wie gegen einen Schreck gerichtet standen, sich ein wenig beruhigten. Die Oswalden vergaß jetzt Fritzel fast um des Mannes willen, wenn sie auch allenthalben dachte, wie ihn zurückholen.

Am Morgen des Sylvesters konnte Oswald nicht aufstehen. Er klagte, dann raffte er sich und ging doch an die Arbeit. Aber er kam zurück und saß wieder nur dumpf brütend auf der Ofenbank.

Er saß auch noch am Nachmittag ohne sich zu rühren.

Da erschien am Nachmittag plötzlich Hermine mit dem Jungel auf dem Arme.

Wie Oswald sie im Lichte gegen die offene Tür stehen sah, dachte er, er hätte eine Vision. Er sah auf wie zur Madonna und hatte fast eine Gebärde wie zum Beten. So traf es ihn nur im Ungewissen, bis er sie erkannte. Die alte Oswalden war draußen im Stalle, aber sie kam auch gleich. Der Sonnenglanz bestrahlte Hermine noch immer, daß es auch der Mutter so schien, als wenn sie eine Vision hätte, wie der Vater. Aber die Alte wußte es doch rasch deutlicher. Hermine war langsam herein über die Schwelle gekommen, die Wirkung in den erstaunten Augen der Alten beobachtend.

„Ich komme nämlich", sagte sie dann, als wenn gar nichts vorgefallen wäre und alles im Frieden läge ..., „ja, zuerst bringe ich euch den Jungen wieder. Es wäre ungerecht, wenn ich euch den Jungen, den ihr immer gut gepflegt habt, wegnähme", redete sie wie gewöhnlich. „Mögt ihr ihn behalten." Und sie sah sich um und zögerte.

„Ach ... das Leben hier ist nichts" – sagte sie dann wie nebenher. „Wir möchten nämlich lieber wieder in die Stadt ziehen. – Wenn uns nur jemand das Reisegeld leihen könnte, zögen wir heute lieber wie morgen", sagte sie und beobachtete den Alten und setzte dabei den Jungen gutmütig herunter vor den Vater. „Na, da geh zum Großvater, Fritzel!" sagte sie ganz harmlos.

Oswald war ganz weich, und als ob ihm alles nicht ganz richtig däuchte.

„Fritzel ...", sagte er ganz behutsam. Weiter sagte er gar

nichts, die Augen schwammen ihm nur, wie er den Jungen vor sich sah.

Hermine merkte, daß das der Weg gewesen.

„Nein, Hermine, du, du kommst, du bringst uns, du machst uns ...“ weiter wußte auch Frau Oswald nichts.

„Ja, Mutter“, sagte Hermine ausweichend, so arglos, als nur immer möglich, „wie gesagt, weil es für Bratpfann hier am Orte passende Arbeit doch durchaus nicht gibt... Nämlich ... für einen Mann mit solcher Geschicklichkeit...“

„Ihr wollt wirklich fort?“ fragte Oswald, jetzt starr auf Hermine blickend, in seine Miene noch immer das Erstaunen geschrieben.

„Nein, denk nur, Vater“, schrie Frau Oswald fast heraus.

Fritzel war dem Großvater auf die Beine geklettert.

Die Mutter kannte Oswalds Mienen und wußte gleich, daß er sich jetzt zur Güte ausfinden würde. Er hatte aber Fritzel doch dann wie achtlos beiseitegeschoben. Aber Hermine wollte nicht etwa bitten. Ganz harmlos stand sie und drehte an einer Haarzottel, die ihr an den Mund hing. Eine wahre Ruhe spann im Raume. Da trat wie auf ein Zeichen auch noch Bratpfann herein, was dem alten Oswald die Zunge vollends ganz gewichtig löste, daß er sich jetzt in die nötige Rolle einfand.

„Ihr wollt fort, und das Kind uns lassen? Das Kind uns für immer lassen?“ fragte Oswald, ohne aus seiner Versunkenheit aufzuwachen.

„Mein Gott! natürlich! jewiß!“ sagte Bratpfann pfiffig und leichten Herzens.

„Gut“, sagte Oswald und reichte Bratpfann und Hermine schweigend und für sich denkend die Hand.

„Das Geld, was ihr braucht“, sagte er vor sich hinlächelnd, „werd ich euch geben.“ Er lief mit dem Schlüssel in der Hand langsam zur Türe hinaus und zum Schranke auf der Kammer, um es sofort herabzuholen.

Wie er dann das Beutelchen mit den paar Geldstücken herabbrachte und auflöste, sah Hermine lachend zu und amüsierte sich über das neckische, blumige Geldtüchel, als ob es ihr total neu wäre und sie es wie zum erstenmale sähe.

Dann gingen die jungen Bratpfannleute sehr mit sich zufrieden ab, heimlich lachend, ihre Siebensachen zu bereiten, und kamen am andern Morgen schon zur Reise fertig Abschied nehmen, um wieder hinaus in die Welt zu fahren.

# Zu dieser Ausgabe

Der Titel des Bandes stammt vom Herausgeber. Alle Texte werden unverändert nach folgenden Ausgaben wiedergegeben:

Carl Hauptmann: *Sonnenwanderer*. Berlin: S. Fischer Verlag 1897 (S. 35–48: *Erlöser Tod;* S. 73–94: *Der Freigeist in den Bergen)*.

Carl Hauptmann: *Hütten am Hange*. Leipzig: Paul List Verlag 1934 (S. 9–48: *Die Bradlerkinder*).

Carl Hauptmann: *Judas*. München: D. W. Callwey 1909 (S. 1–136: *Einfältige*).

# Anmerkungen zum Text

5 *Barchentjacke* – Barchent/Parchent, ein glatter Baumwollstoff.
7 *Schube* – Kommode, Schublade.
9 *stierend* – Glotzend; stierisch kann auch krankhaft, brünstig heißen.
11 *Gemahre* – Geschwätz, Gerede, albernes Herumreden.
12 *Klunkern* – Altes Zeug, alte Kleider.
16 *Düffelrock* – Tiffel, ein dicker Wollstoff.
*gratzig* – Wütend.
18 *Fresse* – Gesicht, Maul.
*Wischhader* – Lappen, Aufnehmer.
19 *Jakobsthal* – Gemeinde im Kreis Hirschberg.
22 *Kauft [...] Groschen* – Nach Matth. 10,29 und Luk. 12,6.
24 *Seeger* – Seiger, Perpendikel bzw. Uhr jeder Größe.
25 *Kretscham* – Dorfgasthaus.
26 *ausgeschuhrten* – Schuren, schaufeln.
32 *kreiste* – Kreißen, atmen, jammern, stöhnen, ächzen, schnaufen.
33 *Husche* – Schauer.
36 *zerschläterten* – Zerschlätern, zerschlagen, zerrütten, baufällig.
51 *Teebs* – Unfug, Spaß, Lärm.
52 *Schalaster* – Häßliche, unangenehme Frau.
*eelitzige* – Einlitzig, allein, einzeln.
53 *ewig* – hier: Verstärkung.
55 *trappenden* – Trappen, unsicher laufen.
66 *Luch* – Aufbewahrungsort für Kohlen und Kartoffeln, auch Hintern.
68 *Schlumpe* – Liederliche Frau.
72 *Radwer* – Radebar, einrädrige Schubkarre.
79 *Röhr* – Bratröhre.

81 *Backofenkomurke* – Komurke, Kammer, Stube.
89 *gedeesche* – Nicht ermittelt.
95 *Fleischkullen* – Kullen, rundes Ding, Ballen, Kugel.
*Weichselzöpfe* – Zerzauste, verlauste Haare, Haarnest.
102 *Lehne* – Bergrücken, -abhang.
109 *Esse* – Zylinder.

Die Erklärung der schlesischen Ausdrücke nach: Walther Mitzka, Schlesisches Wörterbuch. 3 Bände. Berlin 1963–1965.

# Nachwort

> „Zwanzig Jahre und mehr hatte ich als Künstler gelebt und nicht begriffen, daß unser tiefstes Leben nur leben will ohne Rest und ohne Spiegel [...]. Das Leben will nicht Belehrung sein, nicht Zwecke haben, nicht Gabe werden, nicht bestimmt sein von tausend Blicken hierhin und dorthin. Adam und Eva noch immer in der weiten, einsamen Steppe, hungrig nacheinander, sehnsüchtig nach Mit-Freude, sehnsüchtig nach Mit-Leiden, hungrig nach Hoffnung, hungrig nach Zukunft. Weil über alle Dränge der Seele auf Erden der Tod sein Zeichen schrieb. Das ist es." (Carl Hauptmann: *Einhart der Lächler*)

Carl Hauptmann darf ein derzeit gründlichst vergessener Dichter genannt werden. Den Ruhm und die Popularität seines Bruders hat er zwar niemals besessen, aber nach 1945 sind in beiden deutschen Staaten nicht einmal nennenswerte Neuausgaben seiner Werke erschienen und Aufführungen seiner Dramen überhaupt nicht mehr nachzuweisen. Eine in den zwanziger Jahren geplante Werkausgabe kam nicht zustande. Carl Hauptmann ist der Verfasser von einem kleinen Hundert Erzählungen unterschiedlichen Umfangs, von etwa zwei Dutzend Dramen und vier Romanen, unter denen *Einhart der Lächler* (1907) ein vielgelesenes Buch war. Der Nachlaß ist bislang nicht systematisch erfaßt worden. Nicht nur ein quantitativ beeindruckendes, auch ein vielgesichtiges literarisches Werk wäre neu zu sichten und der Werdegang eines Autors zu verfolgen, der weniger spektakulär und nicht als ein selbsternannter Repräsentant Deutschlands, wie sein Bruder, aber auch nicht weniger typisch und nicht weniger widerspruchsvoll als dieser, die ästhetische und politische Position eines nationalkonservativen Dichters innehatte. So kann etwa die noch vor dem Ausbruch des Ersten Weltkrieges veröffentlichte Anti-Kriegsdichtung *Krieg. Ein Tedeum* den pazifistischen Schriften Hermann Hesses und Leonhard Franks an die Seite gestellt werden, aber 1915/16 schrieb Hauptmann dramatische Szenen *Aus dem großen Krieg*, denen eine pathetische nationalistische und chauvinistische Tendenz eignet und in denen stellenweise Deutschlands Kriegsgegner als zum Teil vertierte und verrohte Kreaturen dargestellt sind; diese Szenen enthalten aber auch visionäre Bilder und Ereignisse, wie sie in expressionistischen Darstellungen des Krieges in Dichtung und Malerei begegnen. Carl Hauptmann selbst verstand sich als Dichter einer spezifisch deutschen Art, die sich in Gegensatz weiß zum Intellektuellen, zum Schriftsteller, Kaffeehaus- oder Zivilisationsliteraten, weil sich dichterisches Schaffen aus dem Unbewußten, aus Natur und Seele speise und sich im Künden von zeitlos ewigen Menschheitsgütern und -werten erfülle. „Denn lebendige Dichtung ist immer echte Offenbarung einer wahrhaftigen Einbildungskraft.“[1] Sein politischer Standort verschob sich, zumal nach dem Ende des Krieges, ziemlich weit nach rechts; von Demokratie und Republik hatte er, soweit sich das aus bislang vorliegenden Zeugnissen erkennen läßt, keine gute Meinung. Er starb freilich auch schon in der ersten, krisenhaften Phase der Weimarer Republik, im Februar 1921.

Angefangen hatte Carl Hauptmann als Anhänger der modernen Naturwissenschaft. Überblickbar ist sein Weg vom Wissenschaftler zum Dichter heute nur unzureichend[2], aber die Auseinandersetzung damit sollte wieder möglich werden;

am ehesten wohl über die Romane und die Erzählungen aus der Frühzeit, und aus dieser Epoche sind auch die hier vorgestellten Texte. Sie entstanden zwischen 1890 und 1904. Ein Brief vom 3. September 1917 ermöglicht ihre zuverlässige Datierung.[3] Sie gehören noch einer „realistischen" Periode Hauptmanns an und zeigen, daß er trotz beabsichtigter oder ungewollter Übereinstimmungen mit gleichzeitigen Dichtungen seines Bruders eine eigene künstlerische Handschrift besaß. In der Prosa ist Carl seinem Bruder eindeutig überlegen. Nach 1900 entfremdeten sich beide mehr und mehr. Die Irritationen erreichten allerdings nie die im Künstlerischen und Weltanschaulichen viel tiefergehende und in die Öffentlichkeit getragene grundsätzliche Dimension wie bei Heinrich und Thomas Mann. Dazu waren sich die Brüder Hauptmann zu ähnlich und ihre Auffassung vom Dichter zu wenig von den politischen Ereignissen der Zeit berührt, so daß Gereiztheiten und Mißverständnisse darüber nicht aufkommen konnten. Allerdings ist aufgrund der Textlage das Verhältnis der Brüder zueinander bislang fast nur aus Gerharts Sicht dargestellt worden.[4]

Carl war der zweite Sohn, der dem Hotelbesitzerehepaar Robert und Marie Hauptmann am 11. Mai 1858 in Obersalzbrunn geboren wurde. Der erste, Georg, war damals schon sechs Jahre alt, die Schwester Johanna war 1856 zur Welt gekommen, und 1862 wurde der jüngste Sohn, Gerhart, geboren. Nachdem Carl die Klassen der örtlichen Volksschule erfolgreich absolviert hatte, entschlossen sich die Eltern, den begabten Vierzehnjährigen in der Breslauer Realschule am Zwinger anzumelden, in die zwei Jahre später auch Gerhart eintrat. Die Brüder bewohnten ein gemeinsames Zimmer in Schüler- und Privatpensionen. Gerhart hat diese Zeit in seiner Autobiographie *Das Abenteuer meiner Jugend* beschrieben: „Er war herzensgut, er war brüderlich, übrigens aber ein Nervenbündel[...]. Unser Zusammenleben nahm für uns beide quälende Formen an."[5] Daheim ging es unter den Auswirkungen der Wirtschaftskrise von 1873 und weil der osteuropäische Geldadel in den Kurorten Schlesiens ausblieb, immer schlechter; das Hotel wurde schließlich versteigert, die Eltern übernahmen pachtweise das Bahnhofsrestaurant in Sorgau.

Carl hatte 1879 das Abitur bestanden und ging, um Naturwissenschaften (Biologie und Physiologie) und Philosophie zu studieren, nach Jena, weil dort Ernst Haeckel (1834–1919), der Entdecker des „biogenetischen Grundgesetzes", Anhänger und Popularisator Darwins, und der Philosoph Rudolf Eucken (1846–1926) lehrten. Carl Hauptmann geriet damit in das Spannungsfeld zwischen einem streng naturwissenschaftlichen Denken einerseits, das auf der Grundlage des weltanschaulichen Monismus die gesamte Natur und die immaterielle Tätigkeit von Geist und Seele materialistisch entwicklungsgeschichtlich erklärte und Metaphysik wie Spekulation scharf abwies, und einer neo-idealistischen Philosophie andererseits, die an der Unabhängigkeit der Ideen und des Handelns vom Materiellen festhielt.

In Jena besuchte ihn die Schwester der Verlobten seines Bruders Georg, die in der Universitätsklinik behandelt worden war, Marie Thienemann. Sie war eine der fünf Töchter des regelmäßig in Salzbrunn kurenden reichen Handelsherrn Berthold Thienemann, der in der Lößnitz bei Dresden das Schloß Hohenhaus besaß, einen ehemaligen Bischofssitz.[6] Marie lud Carl nach Hohenhaus ein. Dort verliebte er sich zu ihrer Enttäuschung in Martha, die Zweitjüngste. Marie wurde später Gerharts erste Frau. Weder im Leben noch in der Kunst war ihnen das Glück hold: Beide Ehen zerbrachen, und die Lustspiele über das „Fünfmäderlhaus", Gerharts *Die Jungfern vom Bischofsberg*

(1907) und Carls *Die Rebhühner* (1916), blieben erfolglos.

Carl promovierte 1883 über *Die Bedeutung der Keimblättertheorie für die Individualitätslehre und den Generationswechsel.* Er strebte eine wissenschaftliche Laufbahn an und wollte sich in Zürich habilitieren. Nach einer Wanderung über die Alpen und einer Italienreise ließ er sich mit Martha, die er im Oktober 1884 auf Hohenhaus geheiratet hatte, in Hottingen bei Zürich nieder. Er gehörte zum Mitarbeiterkreis des Philosophen Richard Avenarius (1843–1896) und des Psychiaters August Forel (1848–1931); im Mai 1888 bezog Gerhart samt Familie dasselbe Haus. Dieser Aufenthalt hatte, wie schon Carls Entscheidung für die Schweiz, politische Gründe. Die Brüder waren in Breslau Anhänger eines sozialutopischen Vereins „Pacific" gewesen, der, nach dem Muster des von Etienne Cabet propagierten Ikarischen Kommunismus, in Nordamerika eine Wirtschaftsgenossenschaft gründen wollte. Alfred Ploetz und Heinrich Lux, die Inspiratoren und engen Freunde der beiden Hauptmanns, hatten diese für leitende Ressorts bestimmt. Ploetz war in Amerika gewesen, um das Leben in den Kolonien zu studieren, und, da diese sich in allgemeiner Auflösung befanden, sich in Breslau für eine Verstärkung sozialistischer Ideen und Organisationsformen ausgesprochen. Das rief die Justiz auf den Plan, die in dem – offiziell angemeldeten – Verein eine anarchistische Clique sah. Verhaftungen drohten, die meisten Ikarier setzten sich ab. Im November 1887 wurde den Breslauer Sozialdemokraten der Prozeß gemacht; Gerhart wurde in der Strafsache Lux (Teilnahme an einer geheimen Verbindung) vorgeladen, blieb aber selbst mit knapper Not von der Anklage verschont und verließ das Land. Bei Carl trafen sich Ikarier, Künstler und Wissenschaftler, u. a. Peter Hille, Frank Wedekind, die Pianistin Anna Teichmüller, und mit der polnischen Studentin Josefa Kryżanowska tritt eine emanzipierte Frau in diesen Kreis, die in der jungen Ehe die erste Krise auslöst – Stoff für Gerharts drittes Drama *Einsame Menschen* (1890).[7]

Mit aufkommenden Zweifeln Carls an seiner Bestimmung zur Wissenschaft gerät die Arbeit an einem geplanten dreiteiligen Werk über die Theorie der Lebewesen ins Stocken. 1889 kehrt er mit seiner Frau zurück, läßt sich in Berlin-Charlottenburg nieder, hat Kontakt zu den Berliner Naturalisten; der spektakuläre Bühnenerfolg von Gerharts erstem Drama *Vor Sonnenaufgang* am 20. Oktober 1889 verschärft die berufliche Krise. Josefa taucht wieder auf, Scheidung wird erwogen, aber die Polin verläßt Berlin. In seinem ersten Prosastück *Sonnenwanderer* (1890) hat Carl versucht, die Wirkung dieser Begegnung literarisch zu gestalten. Im August wandern die Brüder gemeinsam mit dem Vater ins Gebirge. In Mittel-Schreiberhau findet man schnell Gefallen an einem käuflichen Grundstück, erwirbt es auch gemeinsam und bewohnt es zusammen bis zum Ausbruch von Gerharts Ehekrise (1893/94), die sich bis zur Jahrhundertwende hinzieht. Ab 1900 wohnt Carl allein mit seiner Frau in Schreiberhau, Gerhart und seine zweite Frau Margarethe Marschalk beziehen das Haus Wiesenstein in Agnetendorf.

1893 war der erste und einzige Band der einst auf drei Teile veranschlagten *Beiträge zu einer dynamischen Theorie des Lebens* unter dem Titel *Metaphysik in der modernen Physiologie* erschienen, aber die Weichen waren bereits umgestellt: 1894 kam das erste Drama, *Marianne*, 1897 die Sammlung bereits früher entstandener Prosaskizzen, *Sonnenwanderer,* heraus. Carl Hauptmanns Interesse an wissenschaftlichen Arbeiten versandete zwar nicht, doch trat er fortan nur noch als Künstler an die Öffentlichkeit. Er blieb in Schreiberhau, mied die Großstädte wie die große Gesellschaft und große Auftritte. Während einer seiner wiederholten Aufenthalte in Worpswede lernte er Maria Rohne kennen, mit der er 1908 eine zweite Ehe schloß. In beiderseitigem Einvernehmen war die Ehe mit Martha 1907 aufgelöst worden. 1908 folgte eine Reise in die USA; die Tochter Monona wird geboren. Er fährt ab und zu an die See oder zu Lesungen bzw. zu Aufführungen seiner Dramen nach Sachsen, Preußen oder ins Rheinland. Eine rege Korrespondenz mit Freunden und Bekannten, die teilweise in der Nähe Sommerwohnungen haben, hält den Kontakt zur Umwelt wach. Nur ein ganz kleiner Teil dieser Briefe, u. a. von und an Otto Modersohn, Heinrich Vogeler, Werner Sombart, Max Herrmann-Neiße, ist publiziert.[8] Im Nachlaß sollen etwa 2200 Briefe liegen. Nach anhaltender und auch durch Kuraufenthalte in Kissingen nicht zu heilender Krankheit starb Carl Hauptmann am 4. Februar 1921 in seinem Haus. Den Grabstein entwarf Hans Poelzig.

Carl Hauptmanns Abwendung von der Wissenschaft und seine Entscheidung für die Dichtung wurde in der Regel als ein Bruch in der geistigen Entwicklung dieses Autors gesehen, als radikale Umwendung von Rationalismus und Skeptizismus zu Irrationalismus und Pantheismus. Aber ein so schroffer Gegensatz besteht wohl nicht, und sicherlich dürfte es dem Dichter, wie den meisten Autoren im Umkreis des Naturalismus, am Anfang eher darum gegangen sein, Brücken vom wissenschaftlichen Positivismus zur Literatur zu schlagen.[9] Der von Haeckel vertretene Monismus beanspruchte, eine Wissenschaft zu sein, die „ein Band zwischen Religion und Wissenschaft" knüpfe, denn „das ethische Bedürfnis unseres Gemütes wird durch den Monismus ebenso befriedigt wie das logische Kausalitätsbedürfnis unseres Verstandes".[10] Er gab vor, die gesamte außermenschliche und die menschliche Natur als Einheit erklären zu können, da beiden nur ein und dieselbe Substanz zugrundeliege. Körper und Seele, Materie und Geist sind untrennbar miteinander verbunden. Haeckel übertrug das Substanzgesetz von der Erhaltung des Stoffes und der Kraft auf die Physiologie: Alle Lebenstätigkeit ist ein „Kraftwechsel“, ein Stoffwechsel. Und mit dieser Auffassung verband er das darwinistische Entwicklungsprinzip eines Aufstiegs von niederen Arten und Organismen zu höheren. Das Geistes- und Seelenleben ist demnach nur eine höhere Form des Stoffwechsels im Nervensystem. Alle Lebenserscheinungen sind mechanisch erklärbar, und Haeckel sieht quasi alle Welträtsel gelöst, die drei „Zentraldogmen der Metaphysik: Gott, Freiheit und Unsterblichkeit gestürzt“.[11]

Carl Hauptmann hat anfangs mit den antimetaphysischen Prinzipien seines Lehrers das Organische auf ganz kausalmechanistische Weise zu erklären gesucht; Seele und Geist sind in seinem abstrakten Entwicklungsmodell als im Menschen selbständig wirkende Kräfte ausgeschaltet. Dieses Denken ließ aber das Verlangen nach einer „menschlicheren Wissenschaft“[12] entstehen, die der Bedeutung der seelischen Kräfte im Menschen eher gerecht wird und diesen nicht nur als „das jüngste und willkommenste Ästchen des Primatenzweiges“ wahrnimmt.[13] Die Grundlage seines monistischen Weltbildes – Einheit allen Lebens – hat er auch als Dichter zumindestens in seinen Anfängen nicht aufgegeben, wohl aber die Seele als das für die Entwicklung und das Schicksal des Menschen letztlich Entscheidende erkannt. Was im Systemdenken des Wissenschaftlers nur als e i n funktionalistisches Element unter anderen zählt, ist dem Dichter das Essentielle: die Seele als Sitz eines individuellen Wesenskernes der Person. Die Selbstbefreiung und die Selbstbehauptung der Seele, die Befreiung des Menschen zu sich selbst ist denn auch das bleibende Thema des Dichters Carl Hauptmann. In *Einhart der Lächler*, dem Entwicklungsroman eines Künstlers, heißt es, authentische Kunst lasse „eine einzige Weise“ in der Seele wahrnehmen „und einen Anklang eigenen Schicksals".[14] „Auch in uns ist Seele allein die Kraft und allein die Erneuerung. Wenn wir von unseren Erstarrungen uns wieder jung waschen wollen, wohin sollen wir tauchen? In unsere Seele."[15] Die die Welträtsel angeblich zu erklären vermögende Naturwissenschaft hat den Menschen zu einem puren Produkt aus chemischen und physikalischen Prozessen gemacht: „Wir wissen heute, daß aus unserer aus Stoffen gemachten Erde und in unserer aus Stoffen gemachten Menschennatur keine andere greifbare Macht tätig ist, als die Physik und die Chemie", sagt einer ihrer Befürworter in Hauptmanns Roman *Ismael Friedmann* (1913).[16] Unter der kosmologischen Perspektive des Monismus ist der Mensch nichts als „eine vorübergehende Erscheinung in der vergänglichen organischen Natur".[17] Haeckel wandte sich damit gegen die Selbstüberhebung des Menschen, der sich frei, unsterblich und der Natur überlegen wähne. Carl Hauptmann weist einen universalen Anspruch der Wissenschaft auf Erkenntnis aus anderen Gründen ab[18]; für ihn bleibt der Mensch auch das Maß aller Wissenschaft.

> Zur Einheitslehre kann ein Wissen nur werden in seiner Beziehung auf die unabsehbare Aufgabe ‚Mensch'. Eine Metaphysik der Dinge ohne den festen Anker ‚Mensch' heißt in einem uferlosen Meere treiben. Die letzte Bestimmung des Menschen ist Einheit, und in seiner Einheit allein findet das Chaos seine Ordnung.[19]

Die Kunst, einer der Wege, die Persönlichkeit zu entdecken, zu bilden, zu behaupten, „muß gegen die Wissenschaft das Gefühl klären, den Instinkt heben, den vollen Lebensgeschmack im Kern der Persönlichkeit immer wieder stärken und stählen".[20] Und je mehr sich die Welt im eigenen Erlebnis erweitere, „desto luftiger erscheinen mir alle verbindenden

Theorien. Die wahre Brücke aller Daseins- und Erkenntnisklüfte heißt immer wieder Mensch".[21] So löst sich nach seiner Auffassung auch nur für diejenigen Menschen das Lebensrätsel, „die es nicht stellen – und nur aus Gnade des Lebens selbst".[22] Und Meister des Lebens ist der, „den jedes Erleben reicher macht [...]. Nur ihm wird die Welt zur Einheit, und er darin ein unverlierbares mächtiges Ereignis".[23]

Jedes individuelle Einzelleben ist hiernach Teil des universellen Lebens, des „Universal", wie es der von Carl Hauptmann auch zitierte Mystiker Jakob Böhme genannt hat, und jeder trage es heimlich immer noch, wenngleich Kultur und Zivilisation das Leben des einzelnen in „Sonderverrichtungen" zerrissen haben und der ursprünglich einheitliche Mensch nun seiner Natur entfremdet ist, „zersprungen und zerschlagen wie schöne Schalen in scharfkantige Stücke oder gar in dumpfe Scherben".[24]

Monistisches Erleben kennt nicht den Gegensatz von Leben und Tod, Diesseits und Jenseits. Da Leben sich immer erneuert – „Oh wunderbares ewiges Einerlei!", heißt es im Tagebuch[25] – und jedes Einzelleben auch Teil des Ganzen, also unsterblich ist, bedeutet Tod nicht Zerstörung, kein definitives Ende.

> Es gibt nicht ein Draußen und ein Drinnen. Es gibt nur ein Sein in Einheit. Und jedes Wesen und Ding ist Ganzheit und Teil. Und wo es aus einer Einheit ausfällt, sinkt es in die andere hinein. Und keines kann aus seiner Einheit fallen, es sänke denn in die Einheit der Welt zurück.[26]

So stellt der Dichter die Frage,

> wo in dem ewigen Erneuen der Tod seine Stätte hat [...], welch Titelchen der Tod der ewigen Flutwelle der Verjüngung rauben könnte: der Tod, diese schreckhafte Maske der Verjüngung. Denn die Welt bleibt eins, in welchem Kleide wir atmen und fühlen, und e i n Wesen drängt in allem Leben.[27]

In der Studie *Erlöser Tod* ist zwar durch das Motto eine christliche Perspektive vorgegeben, aber im Text wird sie nicht ausgearbeitet. Dem sterbenden Blochmann erscheinen weder Engel noch Christus, kein Kitschhimmel wie in dem im gleichen Milieu angesiedelten Traumspiel *Hanneles Himmelfahrt* (1893) seines Bruders. Vermutlich ist diese Studie auch ganz absichtsvoll als Gegenstück dazu gedacht. Die Anwesenheit des Todes wirkt nur atmosphärisch, sie verändert das Verhalten der Personen, aber bewirkt weder Entsetzen noch Schrecken, weder Angst noch Trauer. Er macht, daß auch die groben, ungeschlachten und streitsüchtigen Menschen still werden. Keine Verwandlung und Verklärung oder Vergeistigung im Tod, wie sie in der Kunst der Jahrhundertwende so beliebt waren.[28] Vom Jenseits, das in des Bruders Werk so beredt und bilderreich vergegenwärtigt wird, vernehmen wir nichts. Auch Blochmanns letzter Traum ist – psychologisch genauer als bei Hannele – eine Widerspiegelung der Alltagsnot und einer aus dieser erwachsenden Angst vor dem fruchtlosen Lebenskampf (Sisyphos-Motiv) und nicht eine literarische Antizipation des christlichen Paradieses, wie es Gerhart mit dem nahezu unvermeidlichen Risiko künstlerischen Scheiterns entworfen hat. Blochmanns Sterben ist qualvolles Verrecken. Aber der Tod, am Schluß des Textes als anderer Pol des Daseins dem Leben zugeordnet, gibt, was dieses schuldig geblieben ist: Ruhe und Frieden. Er ist wie der Lohn des Lebens, denn dieses ist seinem Wesen nach Not, Entbehrung, Elend, Kampf, Wahn und Trieb. Die soziale Situation der Armenhäusler wird kaum beschrieben; sie erscheinen vor allem in ihrer Niederträchtigkeit. Kein Anflug von Mitleid, keine Hilfsbereitschaft gegenüber dem Sterbenden, keine Solidarität der Armen, nur gefühllose Gleichgültigkeit. Vom Unfrieden, vom Lärm und Zank, von der Roheit des Lebenskampfes hebt sich eindrucksvoll die Würde des

Toten ab. Darin ist Carl Hauptmann ein „Schüler“ Nietzsches und Schopenhauers, daß er den sich im Menschen gebärdenden Willen zum Leben als Gewalt, egoistisch-selbstsüchtige Gier und Triebhaftigkeit zeigte. Wie fast alle Dichter seiner Generation stand auch er, mehr als er zugeben mochte, unter dem Einfluß beider Philosophen, und deren Willens- und Lebensmetaphysik darf neben der monistischen Einheitsidee als weiteres geistiges Ferment im Weltbild Carl Hauptmanns gelten.[29]

Ein Naturalist aber im Sinne des Friedrichshagener Kreises war er schon in seinen Anfängen nicht. Anders als Gerhart hatte Carl Hauptmann ein reflektierteres Verhältnis auch zu den anderen Künsten, vor allem zur Malerei. Otto Modersohns Bilder bewunderte er, und an den Werken von Constantin Meunier gehen ihm prinzipielle ästhetische Gesetze auf, die auch die eigene Position genauer fassen lassen:

> Zola schildert in dem Schmied Gaucher im *Assommoir* den trotzigen, jungen ‚Ritter der Arbeit‘, dann aber im *Germinal* den vom Industrieprozess vergewaltigten und verelendeten Arbeitsknecht. Für ihn ist die wahre Macht ausser dem Menschen, und er hat nirgend einen rechten Glauben an die Person. Nicht im Persönlichen liegt das, woran er sich hält, und wovor er sich fürchtet, nur im Milieu, in der Macht der Gesamtverhältnisse, im Ungeheuer Industrie und Kultur – ein wahrer verzehrender Knechtsdienst der höheren Einheitsordnungen, eine platonische Nichtachtung der wirklichen Lebensquellen in der Person. Es ist keine Ansicht von der Würde und kein Glaube an die Tüchtigkeit der Seele. – Und bei Meunier! Welche Größe, welche Würde, die wahre Tragödie der Arbeit! Die wahren tragischen Helden der Arbeit. Das Milieu ist nur noch ein Piedestal, auf dem sich die Tragödie der Menschenseele aufrichtet. Ein wunderbarer Glaube, eine wunderbare Liebe zu dem, was im Menschen in schwerer Arbeit vergewaltigt und erdrückt ist, zur Gutes ersehnenden Menschenseele, klingt in monumentalen Gestalten erschütternd aus

> […]. Das ist nicht sozialistische Lehre und zolaistische Menschenentwertung […]. Im wirklichen Menschen, in der lebendigen Persönlichkeit liegt die Überwindung aller Vergewaltigungen durch Gesellschaft und Staat, aller Knechtungen durch die erstarrende Übermacht der toten Mittel […]. In Zola lebt der soziale Oberflächenmensch, das Machwerk des Milieus, und der innere Mensch darin ist nach der Entwicklungstheorie im besten Falle der Affe; in Meunier lebt der Geist, der allezeit Geist ist, und der gemartert werden, aber nicht unter sich sinken kann. Zolas Menschen kämpfen einen Kampf mit der Maschine, das soziale Ungeheuer Industrie verschlingt oder degradiert sie. Meuniers Menschen kämpfen einen Kampf mit den großen, finsteren Naturgewalten und wissen sie zu bändigen, das Soziale, die Maschine ist vergessen, das Kosmische ist der gewaltige Gegner, und der Geist bleibt Sieger […].[30]

Carl Hauptmann interessiert der Mensch nicht in erster Linie als Sozialwesen; seine naturalistisch anmutenden frühen Dichtungen unterscheiden sich von denen seines Bruders dadurch, daß die den Menschen typisierenden und determinierenden Faktoren „race, milieu, temps", die drei Fundamente naturalistischer Dichtung nach Hippolyte Taine, den individualpsychologischen Vorgängen untergeordnet werden. Viele seiner Dramen und Erzählungen spielen wohl deshalb auch außerhalb der städtischen oder dörflichen Gemeinschaft unter Menschen, die abseits und einsam leben, kontaktarm, am Hang oder auf dem Gebirgskamm. Probleme und Konflikte resultieren meist nicht aus ihrer sozialen Situation, sondern aus Sehnsüchten, Hoffnungen, auch aus charakterlichen Veranlagungen, aus Temperament und Naturell.

*Die Bradlerkinder* unternehmen ihre Raubzüge nicht, weil sie Not leiden, sondern aus Abenteuerlust und um aus dem Einerlei des Alltags ausbrechen zu können; aber in ihnen äußert sich auch die Raubtiernatur des Menschen, sein Selbstbehauptungswille und das Recht des Stärkeren im Kampf ums Dasein. An Pauline, der vermutlichen Initiatorin, werden gar machiavellistische Züge sichtbar. Und in der Erzählung *Einfältige* besitzt Hermine Oswald Leichtsinn, Oberflächlichkeit, Haltlosigkeit und eine gewisse Unbeständigkeit nicht erst, seitdem sie in der Stadt lebt, sie liegen in ihr von Anfang an. Was in ihr steckt, lebt sie aus.[31] Die Stadt, soziale Not, Versuchungen, Verführungen, Ausbeutung, Erpressung und Demütigungen, denen sie dort ausgesetzt ist, den Gegensatz von Stadt und Land, Zivilisation und Natur beschreibt und analysiert Hauptmann in dieser Geschichte nicht; man muß das aus wenigen Andeutungen erschließen. Aber er romantisiert und sentimentalisiert auch den dörflichen Bereich nicht und nicht die Natur. Carl Hauptmann ist kein Heimatdichter[32], wenn auch seine Werke durch genaue Beschreibungen des Gebirges, durch genaue Beobachtung von Mentalität und Sprache seiner Bewohner ein klares lokales Kolorit erhalten haben. Das Leben der abseits Wohnenden ist hart und karg, es bleibt ein steter Kampf mit der Natur. In deren Darstellung kehren die entfesselten, wildgewordenen Elemente, aber auch die nahezu vollkommene Schönheit und Heiterkeit ihres Blühens und Reifens immer wieder – eine Polarität, in der die Einheit des Lebens, der Zyklus von Absterben und Wiedergeburt manifest wird. Die äußere Natur ist oft der inneren Natur des Menschen parallelisiert.[33] Mehrfach hat Carl Hauptmann aber die Verbildung und Entfremdung des Menschen von sich selbst und von der Natur durch gesellschaftliche und zivilisatorische Prozesse betont:

> In einem System von Zeichen und Worten sitzen wir, wie die Spinnen im Netze. Das Hin und Her in diesen abgezogenen Werten – das macht unser Leben. Wir sind Staatsmenschen, Gesellschaftsmenschen und haben aufgehört, Naturwesen zu sein.

> [...] Wir wissen alles – und wir werten es wenig. Die Liebe zu den grossen Wesensdingen ist uns verloren. Die Dinge wirken gar nicht auf uns. Wir geniessen sie meist in dem engen Becher des Begriffes [...]. Wir sind auf Wort und Wissen gestellt, wir finden uns eingeengt in eine Welt von Begriffen, die der Notdurft dienen und im Zwange der Notdurft der Massen aus den wirklichen Dingen entstanden sind. Aber wir haben vergessen, dass ein jeder von uns einmal, ein ganz Einzelner, aus dunklen Gründen aufgestiegen ist, urverwandt im Blute mit Fels und Wasser und Fisch und Vogel. Wir haben vergessen, dass in Wahrheit alle Dinge Naturdinge sind und daß auch im Natursinne unseres Lebens die wahre bauende und nährende Macht des Persönlichen allein beschlossen liegt. [...][34]

*Die Bradlerkinder*, Hermine (*Einfältige*), der alte Hauschild (*Der Freigeist in den Bergen*) – jeder sucht auf seine Weise frei zu werden von der „Notdurft" und ganz ursprünglich, individuell zu leben. Das geschieht häufig in Abkehr von gesellschaftlichen, sozialen und sittlichen Verpflichtungen und Erwartungen, und es wird vom Autor nicht bewertet oder beurteilt. Wohl entstehen dadurch Spannungen und Konflikte, aber keine ausweglos tragischen Antinomien, weil solche gar nicht aufbrechen oder weil Lösungen gefunden werden, die es jedem erlauben, gemäß seiner Eigenart weiterzuleben (*Einfältige*).[35] Die Einfalt der alten Oswalds ist ihre – soziale – Anspruchslosigkeit, die von Hermine und Bratpfann die Gedankenlosigkeit, mit der sie ganz selbstverständlich nur dem für sie Angenehmen nachhängen.

Gerhart Hauptmann hat die Notlage seiner Menschen stärker aus sozialen Vorgängen entwickelt und den Druck von außen mit der inneren Unfreiheit zu einer, sei es tragischen, sei es deterministischen Ausweglosigkeit verbunden, in der sie zugrundegehen. In vergleichbaren Zwangslagen befinden sich Carl Hauptmanns Dörfler nicht. Sie sind arm, haben aber ihr Auskommen. Spannung entwickelt Carl in den Erzählungen aus dem Unterschied der Generationen: Die Jungen sind meist willensstärker, egoistisch und brutal. Daran mag eine sozialkritische Tendenz ablesbar sein, auch wohl eine Variante zu der Verfallsthematik in der Literatur der Jahrhundertwende. Die andere, amoralische Gesinnung der jungen Generation ist stärker als das Band, das sie mit den Eltern noch verbindet. Vererbungsfaktoren spielen nur am Rande mit, etwa in des alten Bradlers „Vision": Ihm selbst erscheint als vorstellbare und mögliche Tat, was sein Sohn ausführt, Raub und versuchter bzw. tatsächlicher Totschlag. Auch er habe, heißt es, in seiner Jugend dieselbe Unruhe und Unzufriedenheit verspürt, die in den Kindern rumort. Diese Jugend ist aktiver, radikal und hat wenig Verständnis für die strenge, ernste und rechtliche wie fromme, für die insgesamt geradlinige Lebensführung der Alten. Es sind Kinder einer von Materialismus und Konkurrenzdenken bestimmten Zeit.

Hinzu kommt, was Hauptmann „Blut" nennt, Sexualität. August ist von Pauline abhängig; Ernst möglicherweise von August, falls man aus seinen letzten Worten auf eine sexuelle Bindung an diesen schließen darf. In der Erzählung von den *Bradlerkindern*, in der das Äußere und Innere von Bradlers Hütte wie das ihrer Bewohner fast nur im Dunkel liegt und bloß ausschnittweise durch sporadische Lichtfetzen erhellt wird, ist nur angedeutet, was in den Kindern unter der Oberfläche vorgeht. Der Schlußsatz scheint diese ganz zwielichtige Welt dann in ein romantisch verklärendes Licht zu tauchen. Aber die Idylle des in Träumen schlafenden Hauses ist trügerisch, denn in den Träumen sind gerade die unstillbaren Begierden und unbewußten Triebkräfte wach. Ob Carl Hauptmann mit Siegmund Freuds Traumdeutung bekannt war, ist bislang nicht belegt, aber es dürfte nicht ganz verkehrt sein, hier auch an diese zu erinnern.

Die Menschen in den frühen Dichtungen Carl Hauptmanns sind eigen-willige, eigen-sinnige Naturen; das gilt auch für den *Freigeist in den Bergen*, der gegen die Doppelmoral des beamteten Pfarrers seine eigene natürliche Moral mit einer etwas kauzigen unopportunistischen Eigensinnigkeit behauptet und doch von Gott nicht verstoßen wird; ganz unauffällig, ganz natürlich läßt dieser ihn sterben.

Im aktiven, selbstsicheren und selbstbestimmten Auftreten und in der Energie, mit der sie ihre Ziele verfolgen, liegt einer der Unterschiede zu den gedrückten, passiven, duldenden und sozial wie erbmäßig determinierten Altersgenossen in Gerhart Hauptmanns Dichtungen. Hingegen hat der demütige, in sein Los ergebene, fromme, an der hergebrachten Ordnung festhaltende alte Mensch (die Eltern der *Bradlerkinder*, der alte Oswald in *Einfältige*) sein genaues, bis in die Unfähigkeit und Unbeholfenheit sprachlichen Ausdrucks reichendes Ebenbild im Werk des Bruders.

Charaktere hat Carl Hauptmann einmal „Kampfgrößen" genannt. Der Preis des Kampfes seien „Macht und Freiheit der Person. Herkommen, Staat, Gesellschaft sind Ungeheuer, gegen die der neue Mensch auszieht".[36] Im Leiden, Erleiden oder Mitleiden sah er nicht, wie sein Bruder, den Sinn des Lebens, das Los des Menschen und den Grund der Welt. Der von Carl Hauptmann in späteren Werken gestaltete „neue" Mensch, den die ausgewählten Texte umrißhaft sehen lassen, ist einer, der dem eigenen Gesetz folgt und dabei auch Sitte, Moral und Konventionen umstößt. Damit wäre auch diejenige Stelle bezeichnet, an der, natürlich unter Berücksichtigung des Gesamtwerkes dieses leider vergessenen Autors, Carl Hauptmann an die Seite von Zeitgenossen wie Frank Wedekind oder Hermann Hesse zu rücken wäre.

Gerhard Kluge

# Anmerkungen zum Nachwort

1 Tagebucheintragung 1901; zit. nach: Anna Stroka, Carl Hauptmanns Anfänge im Spiegel seiner Tagebücher. In: Germanica Wratislavensia, Bd 7, 1962, S. 87.

2 Vgl. dazu Will-Erich Peuckert, Carl Hauptmanns Anfänge. In: Zeitschr. f. deutsche Philologie, Bd 77, 1958, S. 113–130; Anna Stroka, Carl Hauptmanns Werdegang als Denker und Dichter, Wroclaw 1965. Diese Arbeit stützt sich auf zum größten Teil unveröffentlichte Briefe und Tagebuchaufzeichnungen Hauptmanns bis zum Jahr 1903.

3 An Karl Theodor Strasser, 3. 9. 1917: „[...] *Sonnenwanderer* sind Kleinigkeiten, die mitten in der damals philosophischen Arbeit sich ganz vereinzelt innerhalb mehrerer Jahre hervordrängten. 1897 gesammelt. [...] *Aus Hütten am Hange* und *Mathilde* sind beide im Frühling 1901 entstanden. [...] *Einfältige* vor Weihnacht 1904 [...]. In: Carl Hauptmann: *Leben mit Freunden.* Gesammelte Briefe. Hrsg. v. W. E. Peuckert. Leipzig 1928.

4 Anna Stroka 1965, vgl. Anm. 2, faßt die Vorgänge auch unter Benützung von Äußerungen Carl Hauptmanns objektiv zusammen; vgl. dazu auch Gerhart Hauptmann, Italienische Reise 1897. Tagebuchaufzeichnungen. Hrsg. v. Martin Machatzke. Berlin 1976, S. 138 f.; Jean Jofen, Das letzte Geheimnis. Eine psychologische Studie über die Brüder Gerhart und Carl Hauptmann. Bern 1972.

5 Gerhart Hauptmann, Sämtliche Werke. Hrsg. v. Hans-Egon Hass. Bd 7, Autobiographisches. Berlin 1962, S. 285 f.

6 Vgl. Hansgerhard Weiss, Die Schwestern vom Hohenhaus. Berlin 1938.

7 Vgl. Karl Musiol: Carl Hauptmann und Josepha Kodis. Ihr gegenseitiges Verhältnis im Spiegel des dichterischen Werkes. In: Deutsche Vierteljahrsschrift f. Literaturwiss. u. Geistesgesch., Bd 34, 1960, S. 257–263.

8 Vgl. Anm. 3.

9 Vgl. dazu die Arbeiten von Peuckert 1958 und Stroka 1965, vgl. Anm. 2. Peuckert zitiert eine Fußnote aus Hauptmanns Buch *Metaphysik in der modernen Physiologie*: „Um die Gewinnung dieses eigenen Gesetzes der psychischen Individualität, welche uns in untrennbarem Zusammenhange mit der physiologischen Individualität erscheint, bemüht sich nicht minder die moderne schöne Literatur, wie die Geschichtswissenschaft und die moderne Criminalistik danach verlangt." (S. 119)

10 Ernst Haeckel, Die Welträtsel. Gemeinverständliche Studien über Monistische Philosophie. Neubearb. Taschenausg. Leipzig 1909, S. 206f.

11 Ebd., S. 140.

12 An Martha Thienemann, 27.1. 1883: „Wenn nicht der Zeitpunkt nur beinah da wäre, ich würf alles über den Haufen und flöge einer menschlicheren Wissenschaft in die Arme. Ich mag nicht, daß mein Herz erstarrt. Jetzt erst lerne ich immer mehr einsehen, daß ich den richtigen Weg nicht gefunden habe. [...] Jetzt gähnt mich das ewige Einerlei der dogmatischen Schulbegriffe, die tausend unlösbare Rätsel bergen, eklig an." (zit. nach Stroka 1965, vgl. Anm. 2, S. 13)

13 Ernst Haeckel 1909, vgl. Anm. 10, S. 10.

14 Carl Hauptmann: *Einhart der Lächler*, Wiesbaden 1953, S. 66.

15 Ebd., S. 258.

16 Carl Hauptmann: *Ismael Friedmann*. Leipzig 1913, S. 111.

17 Ernst Haeckel 1909, vgl. Anm. 10, S. 10.

18 Tagebucheintragung April 1899: „[...] ich muß in Sachen der Philosophie immer betonen, daß sich darin der Spezialist nicht äußern darf, da er eben über den Zusammenhang der Dinge keinerlei Erlebnis besitzt, da das nur Sache des freien Schauers ist. [...] viel wissen macht noch gar nicht viel erkennen und die große Linie der Erscheinungen hat nichts zu tun mit ihren tausend kleinen Ornamenten. Aber zum Ergreifen der großen Linie gehört ein schlichtes Sichbesinnen auf das eigene Menschliche im Erkennen und Erleben, nicht im sklavischen Fortspinnen einer erstarkten Erkenntnistradition. Das Sichbesinnen auf das eigene Menschliche bedarf zum Ausdruck schließlich auch der ei-

genen Methode wie jede andere Arbeit [...]." (zit. nach Stroka 1962, vgl. Anm. 1, S. 65f.) Auch den darwinistischen Entwicklungsgedanken bezieht Hauptmann auf die menschliche Situation zurück: „Unsere Kraft und unsere Schwäche ist Entwickelungsgedanke. Er macht uns stark, weil er alles Starre auflöst, weil er die Fesseln des absoluten Ideals, Begriffs, Instituts bricht, weil er alle Schemen wieder zu Problemen, alles Sollen zu Fragen macht, weil er uns frei macht durch die Erkenntnis des Scheins von Absolutem. Er macht uns weich, schwankend und unentschieden, weil er alle Ideale mit dem Stempel ‚relativ' versieht: weil er uns bei all unsern begrifflichen Idealen denken macht, morgen denken wir anders, morgen wünschen und streben wir anders." (ebd., S. 41)

19 Carl Hauptmann, *Aus meinem Tagebuch*. 2. verm. Aufl. München 1910, S. 249.

20 Ebd., S. 36.

21 Ebd., S. 254.

22 Ebd., S. 29.

23 Ebd., S. 201. Zur Zeitbezogenheit von Hauptmanns Erlebnisbegriff gibt es noch keine Untersuchung. 1904 erschien Wilhelm Diltheys Buch *Das Erlebnis und die Dichtung*.

24 Carl Hauptmann 1910, vgl. Anm. 19, S. 268.

25 Ebd., S. 31.

26 Ebd., S. 266.

27 Ebd., S. 260.

28 Vgl. Gerhard Kluge, *Hanneles* Tod und Verklärung. In: Literatur und Theater im Wilhelminischen Zeitalter. Hrsg. v. Hans-Peter Bayerdörfer u.a. Tübingen 1978, S. 139–165.

29 Die Bedeutung Nietzsches für Weltbild und Werk Carl Hauptmanns wird von Anna Stroka (1965, vgl. Anm. 2) in Abrede gestellt. Darüber dürfte das letzte Wort noch nicht gesprochen sein.

30 Carl Hauptmann 1910, vgl. Anm. 19, S. 98ff. In einem Brief an Hugo Ernst Schmidt vom 9.11. 1891 taucht der Gegensatz zwischen dem „Naturwesen" und dem „Sozialwesen" Mensch ebenfalls auf; in *Einhart der Lächler* scheidet Hauptmann den „Mensch" vom „Werker". Im Tagebuch heißt es: „Die Naturali-

sten – Milieukunst – Abklatsch aus sozialen Krisen, den sozial verketteten Menschen, wie die Tanne, die unter Tannen im Walde steht – und nur noch Kopf, keinen Körper hat. Naturalistenkunst – ohne Charaktere – ohne Musik." (zit. nach Stroka 1962, vgl. Anm. 1, S. 84)

31 Tagebuch 1903: „Entwicklung ist Auswicklung. [...] Die Gestalt und das innerste Wesen ihres formenden und charakteristischen Schicksals muß von Stufe zu Stufe bis in die letzten Atem-, Lebens- und Gefühlsgründe enthüllt sein. Entwickelt haben, heisst nicht am Schluss anders sein wie am Anfang, es heisst nur immer tiefer und tiefer bis ins Wesen erkannt sein." (zit. nach Stroka 1965, vgl. Anm. 2, S. 89f.) Dgl. 1899: „Eine Entwicklung einer Gestalt heißt in immer tiefere Gründe ihres, der Oberflächenschau verborgenen Lebens durchdringen." (zit. nach Stroka 1962, vgl. Anm. 1, S. 63)

32 So auch Stroka 1965, vgl. Anm. 2, S. 39.

33 Zu dieser „Parallelisierung" objektiver, naturhafter und subjektiver, seelischer Vorgänge und den methodischen Voraussetzungen in Hauptmanns naturwissenschaftlich-philosophischen Studien vgl. Peuckert 1958, vgl. Anm. 2; zur Bedeutung der Philosophie von Avenarius für die Subjekt-Objekt-Beziehungen vgl. Stroka 1965, vgl. Anm. 2, S. 46–51.

34 Carl Hauptmann 1910, vgl. Anm. 19, S. 273f.

35 Ähnlich Stroka 1965, vgl. Anm. 2, S. 116 und S. 87, über „die friedliche Lösungsmöglichkeit von Konflikten", den meist positiven Ausgang in den Werken Carl Hauptmanns.

36 Carl Hauptmann 1910, vgl. Anm. 19, S. 171f.

# Inhalt